# 빈 둥우리 부부의
# 열 번의 데이트

10 GREAT DATES
FOR EMPTY NESTERS

## 빈 둥우리 부부의
# 열 번의 데이트

데이비드 알프와 클라우디아 알프 지음, 정태기 · 신세민 옮김

# 10 GREAT DATES
# FOR EMPTY NESTERS

상담과치유

10 Great Dates for Empty Nesters
Copyright ⓒ 2004 by David and Claudia Arp. ALL rights reserved

Korean Translation Copyright ⓒ 2008 By Counseling & Healing Publishing Co.
This Korean edition is published by arrangement with David and Claudia Arp through Counseling & Healing Publishing Co.

이 책의 한국어판 저작권은 저자와 독점 계약한 도서출판 상담과 치유에 있습니다.
저작권법에 의해 한국 내에서 보호를 받는 저작물이므로 무단 전재와 복제를 금합니다.

자녀들을 돌보느라고 여념이 없는 세 아들과 며느리들에게
언젠가는 환상적인 빈 둥우리의 축복을 누리기 바라며

—

그 때가 되면 우리가 방문해도 환영받으리라

| 옮긴이의 글 |

# "다시 피는 사랑의 봄을 위하여"

목이 마른 사람이 있습니다. 이 사람 앞에는 그 목마름을 시원하게 해결해 줄 냉수 한잔이 놓여 있습니다. 목마른 이의 갈증이 해소되기 위해서는 물을 들이마셔야 합니다. 한 잔이 아니면 두 잔, 세 잔, 그리고 벌컥벌컥 마실 때 해갈(解渴)을 이룰 수 있습니다.

결코 물을 쳐다만 보는 것으로는 목마름이 해결되지는 않습니다.

지금까지 치유상담연구원에서 미국에서 큰 반향을 일으켰던 열 번의 데이트를 책으로 엮어내었습니다. 부부관계에 대한 회복과 성숙을 위한 『부부 사랑만들기 열 번의 데이트』와 결혼을 전제로 사귀고 있는 커플들을 위한 『결혼 서약 전에 열 번의 데이트』가 나왔습니다. 그리고 이번에 자녀들이 부모의 품을 떠나 독립을 눈앞에 두고 있는 중년부부들을 위한 『빈 둥우리 부부의 열 번의 데이트』가 준비되었습니다.

이 책은 이전에 아이들 중심으로 부모역할에 모든 힘을 기울여야만 했던 시기를 지난, 자녀가 성장하여 결혼을 하였거나 혹은 독립을 두고 있는 중년의 부부를 위한 책입니다.

이 책은 부부관계의 재조정과 새로운 활력이 필요한 시기인 빈 둥우리의 시기가 인생에 있어서 '다시 피는 사랑의 봄'이 될 수 있도록 여러분을 안내해줄 것입니다.

    그러나 앞서 말씀드린 것처럼 물을 마시는 것과 보기만 하는 것이 많은 차이가 있듯이 열 번의 데이트를 직접 해보는 것과 하지 않은 것은 많은 차이가 있습니다.

    단지 책을 읽는 것에 그치는 것과 실제로 부부관계를 풍성하게 하기 위해 깊이 참여하는 것에는 많은 열매의 차이가 있을 것입니다.

    그렇기에 아무쪼록 여러분들이 알고 있는 것들을 아는 것에서 그치지 마시고, 행하고, 또 행하고, 그리하여 열 번의 데이트가 부부의 신성한 아름다움을 발견할 수 있는 귀한 데이트가 되기를 기대합니다.

정태기

| 한국어판에 부치는 글 |

# 빈 둥우리 부부가 된다는 것은
# 이제 다시 '부부 둘만'이 되는 것인가?

자녀들은 자라고 집을 떠났거나 곧 떠날 것입니다. 설령 성장한 자녀가 집에 계속 산다할지라도 – 아니면 노년에 접어든 부모를 모시고 산다하더라도 – 여러분의 결혼생활은 조정이 필요합니다. 여러분은 앞으로 펼쳐질 미래가 여러분과 여러분의 배우자에 대해 어떠할지 궁금할 것입니다. 이러한 적응의 기간이 도전적이겠지만, 만일 여러분이 부부 관계를 개선하고 결혼 생활을 재발견하는 시간을 갖는다면, 다가올 '텅 빈 둥지'의 시기는 만족스러울 수도 또 보상을 줄 수도 있을 것입니다.

'열 번의 데이트'에서 여러분은 자녀를 갖기 전 경험했던 것과 같은 짜릿함, 흥분, 창의력을 재발견할 수 있을 겁니다. 각 장은 – 다시 한 쌍이 된다는 것에 관한 모든 것에서 두 번째 사랑의 봄을 발견하는 – 주제를 가지고 있습니다. 각각의 데이트의 주제와 안내를 소개하는 짧은 장이 2부에 연결되어 있어 이 열 번의 데이트를 재미있고, 구체적으로 도와 줄 것입니다.

여러분은 이 데이트를 시작하기 위하여 두 시간의 시간적 여유를 가지세요. 데이트를 부부 둘만이 하거나, 아니면 데이트를 지원해 줄 믿음의 공동체를 얻을 수도, 혹은 다른 빈 둥우리 부부들을 초대해서 그룹으로 열 번의 데이트를 시작할 수도 있을 겁니다.
이렇게 데이트를 하기로 결정했다면, 여러분은 결혼 생활에 대한 재미와 새로운 에너지를 발견할 수 있을 겁니다.

이제 여러분의 시간입니다.
모험을 하세요.
여러분의 배우자를 빈 둥우리 결혼생활에 활력을 줄 재미있는 데이트에 참여하도록 초대해 보세요. 믿으세요. 여러분이 한 결정을 기쁘게 생각할 날이 있을 것입니다.

*David Arp & Claudia Arp*

| 감사의 글 |

　이 책을 출간할 수 있도록 여러 가지로 큰 도움을 주신 모든 분들, 그중에서도 특히 다음 몇몇 분들에게 깊은 감사를 드린다.
　* 빈 둥우리 부부들을 대상으로 실시한 조사에 참여해주신 분들에게 감사드린다.
　* 지난 삼십여 년 동안 부부 사랑 살리기 세미나에 오셔서 자신의 갈등과 성공 이야기들을 함께 나누어주신 모든 분들에게 감사를 드린다.
　* 부부 교육의 선구자인 데이비드 올슨, 레스 패로트와 래슬리 패로트 부부, 데이비드 메이스와 베라 메이스 부부, 놈 라이트, 에밀리 로와 데니스 로 부부, 그리고 PREP의 친구들인 스코트 스탠리, 하워드 마크맨, 수잔 블룸버그와 나탈리 젠킨스에게 깊은 감사를 드린다. 우리의 책은 그들의 연구 결과를 토대로 하고 있다. 특히 부부생활의 후반전에 들어선 부부들에게도 부부 교육이 필요함을 우리에게 역설해준 다이앤 솔리에게 감사를 드린다.
　* 이 책에서 인용한 저자와 연구가들에게 예비부부 교육의 탄탄한 바탕을 다져준 공로를 감사드린다.
　* 뉴욕시의 공영방송국인 WLIW 21 텔레비전 방송국의 친구들, 특히 테렐 캐스, 크리스 오그덴, 벤 패튼, 로이 해몬드, 로라 사비니에게 "빈 둥우리 부부를 위한 열 번의 데이트" 특별 프로그램을 방송하도록 도와준 데에 대해 감사를 드린다. 우리 연구소의 방송 담당자 크리스틴 카포익, 그래픽 디자이너 캐시 다브, 제작 디자이너 스타 테오도스, 크리스티나 모라노에게 독창적인 파워포인트 프레젠테이션으로 방송을 재미있게 만들어

준 데에 대해 깊은 감사를 드린다.

　* 지난 수십 년 동안 우리를 믿어주고 지지해준 존더반 출판사 직원들에게 이 책을 쓰도록 격려해주고 용기를 북돋아준 데에 대해 깊은 감사를 드린다. 그 중에서도 출판인 스코트 볼린더, 편집인 샌디 밴더 지히트와 안젤라 쉐프, 마케팅 담당 존 토프리프, 그렉 스티엘스트라, 신시아 윌콕스에게 특별한 감사를 드린다. 그리고 로저 존슨, 칼 베리돈, 쉐논 드로지에게도 WLIW와 협조를 통해서 출판을 도와준 공로를 감사드린다. 저자 홍보를 담당해준 조이스 온더스마와 재키 알더리지에게도 우리를 잘 보살펴준 데에 대해 깊은 감사를 드린다.

　* 얼라이브 커뮤니케이션스사의 릭 크리스티안과 리 휴에게도 우리를 지지해주고 격려해준 데에 대해 깊은 감사를 드린다.

차례

옮긴이의 글  008
한국어판에 부치는 글  010
감사의 글  012
데이브와 클라우디아가 드리는 말씀  016

# 제1부 열 번의 데이트

첫 번째 데이트 | **빈 둥우리 축제**  031

두 번째 데이트 | **다시 둘만의 삶**  047

세 번째 데이트 | **친밀한 대화 회복**  067

네 번째 데이트 | **대청소**  089

다섯 번째 데이트 | **역할 재조정**  111

여섯 번째 데이트 | **다시 피는 사랑의 봄**  127

일곱 번째 데이트 | **확대가족 사랑**  145

여덟 번째 데이트 | **영적으로 함께 성장하자** 163

아홉 번째 데이트 | **미래를 위한 준비** 181

열 번째 데이트 | **빈 둥우리를 즐거움으로 채우자** 193

# 제2부 데이트 길잡이

데이트 **일정표 짜기** 211

데이트 **기본 수칙** 212

열 번의 **데이트** 214

## 데이브와 클라우디아가 드리는 말씀

이 책을 펴든 여러분들은 이미 빈 둥우리에 살거나 곧 그렇게 될 날을 눈앞에 두었을 것이다. 아이들이 이미 떠났거나 떠날 날이 멀지 않은 때이다.

이제 여러분들은 결혼 생활의 새로운 시기에 들어섰다. 부부관계를 즐거움과 친밀감과 로맨스로 가득 채워서 다시 활력을 불어넣을 때이다. 이 「열 번의 데이트」는 바로 그런 여러분들을 돕기 위해 태어났다.

'데이트를 하라고? 누가? 내가? 데이트는 결혼하기 전에나 했던 거 아닌가?' 라고 생각할 수도 있다. 어쩌면 새로 만난 사람과 데이트를 시작하던 때의 스트레스를 떠올리는 분들도 있을 것이다. 또 돈이 부족할까봐 애피타이저만 시켜놓고 마음 졸이던 때의 초조감이 되살아날지도 모른다. 데이트 상대가 지루한 사람이면 어쩌나 아니 그보다는 그가 나를 지루한 사람으로 여기면 어쩌나 하는 두려움으로 마음이 무거워질지도 모른다.

이런 이유들로 '나보고 데이트를 하라고? 내가 왜?' 라고 반문할 수도 있다. 더구나 부부 데이트는 빈 둥우리 부부들에게 전혀 어울리지 않는 일이라 생각하기 쉽다.

하지만 다시 생각해 보자. 우리는 지금 이미 사랑하는 매우 익숙한 사람과의 매우 독특한 데이트에 관해서 이야기하고 있다. 이 열 번의 데이트는 빈 둥우리 부부들을 위해 특별히 고안된 방법들이다. 시작하기 쉽고 빈 둥우리 부부들이 관심 있을 만한 화제를 중심으로 꾸몄다. 너무 파격이어서 걱정이 될 정도로 독특한 데이트로 가득하다. 믿고 따라오면 틀림없이 여러분의 빈 둥우리는 따스한 행복으로 채울 수 있다.

## 빈 둥우리 부부가 되는 과정

　아이들이 모두 떠난 빈 둥우리를 바라보는 느낌과 태도는 부부마다 다르다. 어떤 부부는 아무런 마음의 준비나 계획 없이 어느 날 아침 일어나니 빈 둥우리에 있는 자신을 발견할 수 있다. 어떤 부부는 중대한 위기 속에서 빈 둥우리 부부가 될 수 있다. 부부 중 한 사람은 엄청난 상실감으로 어쩔 줄 모르고, 한 사람은 새로 얻은 자유로 하늘을 나는 기분일 수 있다. 빈 둥우리가 되면서 부부의 마음이 전혀 다른 상황을 맞이하는 것이다. 그런가하면 인생의 새로운 단계로 접어드는 기대감으로 인해 부부가 둘 다 들뜰 수도 있다. 하지만 어떤 상황에 있든 이 열 번의 데이트를 잘 마치면 우리 부부가 경험한 바로는 결혼 생활의 황금기인 빈 둥우리 시기를 보다 잘 맞이할 수 있다. 데이트를 하다보면 부부 사이의 애정이 다시 불타오르고 지금까지 뒷전에 밀려났던 부부관계가 최우선 사항으로 다가올 것이다.

　십대에 들어선 아이들과 씨름하다보면 그 스트레스로 인해 부부관계는 관심 밖으로 밀려난다. 그런 생활을 지속하다 아이들이 집을 떠나고 난 후, 예전의 부부관계를 회복하려 마음먹어도 쉽게 해결되지 않는다. 부부 생활이 이 단계에 이르면 서로에게 마음을 쏟기보다는 다른 것에 마음을 쏟는 경우가 많다. 이 열 번의 데이트를 하다보면 아이들이 태어나기 전에 부부가 한 몸처럼 움직이며 즐겼던 친밀한 관계를 다시 회복할 수 있다. 처음 만났을 때처럼 서로 뜨겁게 사랑할 수 있다. 그러므로 이제 앞으로 즐기게 될 빈 둥우리를 위해서 부부관계를 재정비하고 새롭게 가다듬을 필요가 있다.

　이 열 번의 데이트는 첫 아이나 막내가 집을 떠나는 전통적인 빈 둥우리 부부를 위한 것이다. 하지만 보다 복잡한 상황에 있는 부부들에게도 도움이 될 것이다. 예를 들어서 재혼인 경우에는 걸음마 하는 아이들과 십대와 이미 성장한 아이들이 같이 생활할 수 있다. 연로한 부모를 모시고 살 수 있다. 재혼인 경우에도 아이들 하나 없는 인생의 후반기에 바로 접어들 수도 있다. 또 이미 빈 둥우리 부부가 되어 아이들 없이 살아가는 삶에 적응했지만, 부부관계를 재조정해야 할 필요를 느낄 수도 있다.

이제 막 결혼한 신혼부부이든 결혼한 지 10년, 20년, 30년, 40년 또는 그 이상 된 부부이든 보다 나은 부부관계를 원한다면 이 열 번의 데이트는 바로 여러분을 위한 것이다.

## 데이트 길잡이

우리 부부는 지난 수십 년 동안 부부들에게 데이트하기를 권하고 격려해왔다. 데이트에 관한 많은 책도 썼다. 데이트와 즐거운 결혼생활을 위한 세미나도 인도했다. 우리 부부는 데이트를 생활화해서 늘 함께 즐겼다. 결혼을 전제로 사귀는 커플이나 이미 약혼한 커플, 타성에 빠진 부부관계에 활력을 불어넣고 싶은 부부, 지루해진 부부관계에 즐거움을 채워 넣고 싶은 부부를 위한 데이트를 고안하고 지도했다. 이와 같은 기획의 연속으로서 이 책은 빈 둥우리 부부들을 위한 열 번의 데이트를 추천한다.

각 데이트마다 부부관계를 살릴 수 있는 주제를 중심으로 부부가 함께 이야기해야 할 화제들을 모아서 구성했다. 예를 들어 아이들이 떠나고 난 후에 부부가 재조정해야 할 부분들, 즉 로맨스를 다시 불붙인다거나 역할 분담을 다시 조정해야 할 필요를 놓고 부부가 이야기를 나눌 것이다.

각 데이트마다 도움이 될 양념 데이트들도 추가로 제안했다. 데이트가 얼마나 비용이 들지에 따라 $$$, $$, $로 그리고 에너지와 체력을 얼마나 필요로 하냐에 따라 많다, 중간, 작다의 삼 등급으로 분류했다. 여러분이 이제 막 빈 둥우리 시기로 들어갔다면 에너지가 바닥났을 것이다. 우리 부부의 경우는 그랬다.

우리는 막내아들을 대학교 기숙사에 데려다 주고 돌아오던 때를 기억한다. 차를 타고서 휘튼 대학교 캠퍼스를 돌아 나올 때 우리는 아들 조나단이 이 새로운 도전을 잘 이겨낼 능력이 있음을 믿어 의심치 않았다. 문제는 우리 부부였다. 우리는 너무나 지쳤다. 탈진했다. 용기도 에너지도 모두 고갈된 상태였다.

나는(클라우디아) 가장 가까운 길로 빨리 집에 가고 싶었다. 십대 사내아이들을 셋이나 키워서 내보내고 나니 얼른 집으로 돌아가서 대청소를 하고 싶었다.

나는(데이브) 조금 다른 생각이었다. 지치기는 나도 마찬가지였다. 하지만 빈 둥우리가 주는 새로운 자유를 만끽하고 싶은 열망이 가득했다. 나는 될 수 있는 한 멀리 천천히 가고 싶었다. 이삼일 동안 아무 것도 안하면서 쏘다니고 싶었다. 우리는 의견을 일치시킬 수 없었다. 빈 둥우리의 시작부터 부부관계를 재조정해야 할 필요를 느꼈다.

## 이제 열 번의 데이트를 시작하자

이제 개미 쳇바퀴 도는 듯한 일상적인 삶으로부터 탈출할 시간이다. 다음 주제들을 중심으로 하는 환상적인 열 번의 데이트를 즐겨보자.

### 첫 번째 데이트: 빈 둥우리 축제

이제 빈 둥우리를 함께 축하하고 즐길 시간이다. 이 첫 번째 데이트에서는 현재의 결혼생활과 부부관계를 점검할 기회를 가질 것이다. 부부관계의 좋은 면들을 찾아내서 감사하고 부부관계를 있는 그대로 평가하며 이야기를 나눌 것이다. 미래에 관해서도 꿈과 희망에 대해서도 서로 이야기할 것이다.

### 두 번째 데이트: 다시 둘만의 삶

빈 둥우리 시기 전에는 가정은 아이들 중심으로 돌아갔다. 아이들을 돌보는 일에 모든 신경을 써야만 했다. 아이들의 필요와 욕구를 채워주며 그에 맞춰 살아왔다. 그런데 이제 아이들이 모두 집을 떠나갔기 때문에 부모 역할보다는 부부관계에 모든 관심을 기울일 여유가 생겼다. 이번 데이트는 부부가 서로에게 초점을 다시 맞추고 부부 중심으로 가정생활을 재조정할 시간이다.

### 세 번째 데이트: 친밀한 대화 회복

이제 여러분은 대화를 통해서 보다 친밀한 관계를 키워갈 수 있다. 썩 쉽지는 않을 것이다. 결혼 생활 중 이 시기에 부부가 진실한 대화를 나누기 위해서는 위험을 감수하면서도 자신의 참 모습을 드러내는 방법을 배워야 한다. 서로 자신의 감정과 느낌을 솔직하게 나누는 기술을 익혀야 한다. 특히 빈 둥우리 부부들이 부딪쳐서 극복해야 할 과제들이 있다. 이 세 번째 데이트는 단절된 부부 관계를 다시 이어주는 데에 초점을 맞추었다.

### 네 번째 데이트: 대청소

아이들이 집을 떠난 후 그 동안 의식적으로 피했던 과거의 문제들이 다시 등장한다. 이번 데이트는 이 문제들을 적극적으로 풀어가는 기회를 얻을 것이다. 대화의 주제에서 벗어나는 일 없이 문제들을 능동적으로 해결하는 간단한 방법을 소개했다.

변화 가능성이 전혀 없는 문제는 골라내서 받아들이고, 인정하는 방법을 익힐 것이다. 해결할 수 있는 문제는 그 답을 찾는 방법을 알아낼 것이다.

### 다섯 번째 데이트: 역할 재조정

아이들이 집을 떠난 후 부부의 역할이 바뀔 수 있다. 예를 들어서 부부 중 한 사람은 곧 은퇴해야 하는데 한 사람은 새로이 직업을 가질 수 있다. 그랬을 때 부부는 해오던 역할과 맡았던 책임을 어떻게 조정하고 분담해야 불만 없이 함께 살아갈 수 있을까? 이번 데이트는 어떻게 하면 자신에게 알맞은 역할 분담 계획을 내놓고 적절한 타협안에 도달할 수 있는지에 관해서 이야기할 것이다. 물론 부부가 서로 도우려는 분위기가 전제되어야 한다. 이 장에서 우리는 부부 중 한 사람이나 둘 다 모두 정년퇴직을 하게 될 경우 부부관계의 조화를 유지하는 방법에 관해서도 이야기할 것이다.

### 여섯 번째 데이트: 다시 피는 사랑의 봄

아이들이 집을 떠났기 때문에 여러분은 애정 생활에 새로운 활력을 불어넣을 때가 왔다. 이번 데이트는 여러분의 성생활이 이전과는 달라지고 오히려 더 나아질 수도 있다는 사실을 인정하는 장이다. 갱년기 증상, 호르몬, 성욕, 건강 등의 문제들을 어떻게 다룰 것인지 알아볼 것이다. 우리는 여러분에게 애정생활의 두 번째 봄을 어떻게 맞이하고 준비할 것인지에 대해 도움과 조언을 드리려 한다. 부부가 머리를 맞대고서 서로를 사랑하는 보다 창조적인 방법들을 찾아내는 시간이다.

### 일곱 번째 데이트: 확대가족 사랑

집안이 다른 식구들로 다시 채워졌거나 자녀들이 떠나지 않고 계속 함께 사는 경우에는 어떻게 하면 부부 중심으로 부부 관계를 가장 우선시하면서 살 수 있을까? 경우에 따라서 빈 둥우리에 부모님이나 손자손녀가 들어올 수도 있고 새로운 스트레스가 생길 수 있다. 이때 어떻게 하면 부부만의 시간과 공간을 확보하고 부부관계를 축으로 가정을 이끌어갈 수 있을까? 가까이 살든 멀리 살든 성인이 된 자녀들과 연로한 부모님들이 보다 좋은 관계를 유지할 수 있을까? 평화로운 삶을 이끌어갈 수 있는 방법을 다루었다.

### 여덟 번째 데이트: 영적으로 함께 성장하자

연구조사에 따르면 나이가 들수록 영적인 문제에 더 깊은 관심을 갖게 된다고 한다. 이 데이트에서는 부부 사이의 영적인 관계를 회복하는 방법에 대한 이야기를 다룰 것이다. 여러분은 자신의 핵심 가치를 정확하게 알아내고 부부가 함께 공유하는 기본 신앙을 다시 확인할 것이다. 빈 둥우리 시기는 다른 사람을 섬기기에 적절한 시간이다. 약혼한 커플이나 갓 결혼한 신혼부부를 위한 멘토의 역할에 관심을 둘 수도 있다. 여러분은 소중한 조언과 경험을 그들과 함께 할 수 있다. 빈 둥우리 시기는 다른 사람들에게 관심과 시간을 투자할 수 있는 좋은 때이다.

**아홉 번째 데이트: 미래에 대한 투자**

이번 데이트는 부부관계를 어떻게 성숙시켜 갈 것인지를 생각하는 장이다. 여러분의 부부관계에 무엇을 어떻게 언제 투자해야할 것인지, 빈 둥우리 부부의 목표들을 이루어갈 시간을 어떻게 낼 것인지를 놓고 이야기 할 것이다. 아직 이루지 못한 꿈들이 있는가? 이제 남은 삶으로 꼭 하고 싶은 일은 무엇인가? 그것을 찾고 꿈을 이루기 위해 현실적인 계획을 짜야 할 시간이다.

**열 번째 데이트: 빈 둥우리를 즐거움으로 채우자**

부부가 나누는 애정의 밀도는 부부관계를 훌륭하게 지속시킬 수 있는 가장 중요한 요소이다. 애정을 키우는 좋은 방법 중 하나는 함께 할 수 있는 일을 찾고 같이 즐기는 것이다. 마지막 데이트는 부부가 함께 할 수 있는 것을 더 많이 찾고 데이트를 즐겁게 지속하는 방법을 찾아보았다.

## 데이트 길잡이

이 책의 두 번째 부분은 부부들이 개별적으로 데이트를 계획하고 즐길 수 있도록 돕는 안내서이다. 상세한 부분까지 자세히 다루었다. 그대로 따라가면 마음 놓고 부부관계 회복에 집중할 수 있다. 이 데이트 길잡이는 데이트를 어떻게 준비하고, 어디로 가고, 어떻게 밤을 함께 보내고, 데이트 동안에 어떤 대화를 이끌어갈지, 데이트를 마치고 나서는 어떻게 해야 가장 효과가 클 것인지 적었다.

데이트를 하기 전에 부부가 시간을 내서 해당되는 장을 함께 읽고 나서 연습 문제들을 풀어보는 것이 가장 바람직하다. 피치 못할 사정으로 그렇게 할 수 없을 때를 위해 각 데이트에 해당되는 장의 요약을 덧붙였다.

『빈 둥우리 부부를 위한 열 번의 데이트』는 부부가 개별적으로 이용하도록 고안된 책이지만 여러 부부들이 함께 사용해도 좋다. 다른 부부들과 함께 해야만 능률이 오를 것으로 생각한다면 다른 빈 둥우리 부부들을 초대해서 그룹을 만들어 이 책을 따라 함께 해도 좋다. 이미 많은 교회에서 열 번의 데이트 프로그램으로 교인들의 부부생활에 활력을 불어넣었다. 여러분들도 원한다면 교회나 지역 사회에서 빈 둥우리 부부를 위한 프로그램을 개설할 수 있다.

## 데이트는 어떤 순서를 따라 할 것인가?

어떻게 하면 데이트를 통해 가장 큰 효과를 얻을 수 있을까? 방법은 간단하다. 먼저 각 데이트를 하기 전에 해당되는 장을 읽는다. 부부 중 한 사람만 읽었다면 그 사람이 데이트 계획을 짜고 대화를 이끌어가는 인도자가 된다.

둘째로, 데이트를 한다. 방해받지 않는 편안한 분위기에서 간단한 연습문제들을 풀어간다. 이 연습문제들은 빈 둥우리 시기의 부부관계를 증진시켜 줄 것이다. 실제로 즐거운 분위기에서 각 데이트의 중심 주제들에 관해 함께 이야기를 나누는 것 자체가 데이트의 비밀 목표 중 하나다.

단지 책을 읽는 것과 실제로 부부관계를 풍성하게 하는 것의 차이는 얼마나 깊이 참여하는가에 달렸다. 통계에 의하면 어떤 습관을 익히거나 벗어나기 위해서는 약 3주가 걸리고 완전히 적응하기 위해서는 6주가 필요하다고 한다. 10주 정도면 부부관계를 강화시키는 데에 충분한 기간이 될 수 있다. 게다가 10주가 지나면 데이트하는 습관이 몸에 익어서 계속 데이트를 즐길 수 있을 것이다. 매 주 데이트하는 것이 현실적으로 불가능하다면 두 주에 한 번 또는 한 달에 한 번으로 기간을 두어도 좋다. 열 번의 데이트를 어떻게 계획하더라도 잘 마치면 효과는 오래 지속될 것이다.

## 이제 열 번의 데이트를 시작할 시간

다음의 각 단계를 순서대로 밟아 가면 즐겁게 데이트할 수 있을 것이다.

* 열 번의 데이트를 끝까지 무사히 마칠 것을 합의한다. 부부 중 누가 먼저 이 책을 알게 되었고 누가 먼저 열 번의 데이트를 해보자고 제안했는지는 중요하지 않다. 열 번의 데이트를 무사히 마치면 자신의 부부관계를 보다 분명히 파악할 수 있을 것이다.

* 데이트 일정표를 짠다. 달력, 컴퓨터 일정관리 프로그램, PDA 등에 데이트 날짜를 표기한다.

* 그 어떤 약속보다 데이트에 우선순위를 둔다.

* 불가피한 이유로 데이트를 못할 경우를 위해 제2의 계획을 세운다. 계획을 아무리 잘 짜더라도 변경해야 할 필요가 생길 수 있다. 그럴 경우 그 주, 늦어도 그 다음 주에 데이트 날짜를 잡아 반드시 수행한다. 두 사람에게 가장 좋은 시간을 내도록 함께 연구한다. 무슨 일이 일어나 데이트를 못하거나, 데이트 중에는 서로 집중하는데 방해될 일이 없도록 조심한다.

* 데이트를 손꼽아 기다린다. 데이트에 큰 기대를 걸고서 기다린다는 것을 배우자가 알게 한다. 머리를 쓴다. 짧은 문자 메시지를 보내거나 힌트를 주어서 데이트에 모든 마음이 쏠려있다는 것을 알린다.

* 데이트하러 가기 전에 해당되는 장을 잘 읽고 함께 이야기할 화제를 준비한다. 데이트 전에 과제를 함께 풀면 대화를 이끌어가는 데 훨씬 순조롭다. 데이트하면서 함께 문제를 풀어가도 좋다.

* 대화의 주제에 초점을 맞춘다. 다른 문제나 화제를 꺼내어 데이트 시간을 소모하지 않도록 조심한다.

* 긍정적인 생각과 태도를 유지한다. 부부가 다정하게 손을 잡고 마주 앉아서 부정적인 생각을 하기는 힘들 것이다.

* 저녁 시간을 모두 데이트에 사용한다. 좋아하는 텔레비전 프로그램을 시청하려고 서둘러 돌아오면 안 된다. 꼭 봐야 한다면 녹화를 하라.

* 이제 시작한다. 성공적인 부부관계의 열쇠는 시간을 충분히 투자해서 관계를 개선하는 것이다.

## 서약서

열 번의 데이트로부터 효과를 얻으려면 실제로 데이트를 해야 한다. 가치 있는 일들이 모두 그렇듯 빈 둥우리 부부들의 관계를 개선하는 일도 시간이 걸린다. 의욕이나 아이디어가 좋은 것으로는 충분치 않다. 문서로 된 서약서를 작성해둔다면 열 번의 데이트를 끝까지 무사히 마치는 데에 큰 도움이 될 것이다. 다음의 서약서 형식을 사용하여 서로에 대한 약속을 문서로 만들기 바란다.

    서로 격려하고 일으켜 세워주고 감사하는 시간을 가지면 후에 매우 다행한 일로 여길 것이다. 어제는 과거이고 내일은 미래이다. 오늘만이 우리에게 주어진 단 하나의 선물이다. 그래서 현재를 Present라고 부른다. 자 이제 오늘 약속함으로써 열 번의 데이트를 서로에게 최고의 선물로 만들어보자.

나는 열 번의 데이트를 완전히 마침으로써 우리의 부부관계를
개선하는 데 필요한 시간을 투자하기로
하나님과 사람들 앞에서 서약합니다.

남편 _____  아내 _____

서명일 _____
첫 번째 데이트 날짜 _____

# 제1부 열번의 데이트

## 10 GREAT DATES FOR EMPTY NESTERS

**첫 번째 데이트**

# 빈 둥우리 축제

아이들이 모두 떠나고 몇 주가 지나자 도미노 피자 가게에서 전화가 왔다. 막내아들마저 떠난 후 피자 주문을 안 했더니 무슨 일이 생겼나 걱정이 된 모양이다. 우리는 아무 일 없으니 걱정 말라며 안심시켰다. 그 동안 우리는 막내가 죽기 살기로 싫어해 먹을 수 없었던 야채와 곡류들인 리마콩과 콩나물과 브로콜리만 먹고 살았다. 드디어 우리 부부는 우리가 좋아하는 음식을 마음껏 먹을 수 있게 되었다. 당분간 피자 주문은 안 할 생각이다.

식단 메뉴가 바뀐 것은 그해 가을 우리에게 찾아온 변화의 극히 작은 일부였다. 이제 알프의 가정이 최첨단 청소년 문제로 시달리는 일은 없다. 십대 청소년을 위한 복잡한 일정표를 짜고 조정하는 직업을 영원히 사임했다. 밤늦게까지 잠 못 이루며 아이들의 안전한 귀가를 기다리는 일도 사라졌다. 우리 집을 자기 집 드나들 듯 하던 아이들의 친구도 모두 갔다. 고요한 평화가 왔다. 때로는 너무 조용해서 쓸쓸하기도 했다.

아이들이 떠나자, 그들과 함께 에너지도, 흘러넘치던 생명력도, 삶에 대한 열망도 모두 떠난다. 올림픽 경기장 같은 집이 갑자기 텅 비고 고요만 흐른다. 빈 둥우리 부부들은 대부분 이 적막감을 어떻게 이겨야 할지 몰라 당황한다. 우리 부부와 가깝게 지내는 한 친구가 말했다. 빈 둥우리 부부들에게 두려운 점은 말싸움을 할 여유가 있고 게다가 그 말싸움을 잘 마무리해야 할 시간도 넉넉하다는 것이다. 아이들이 떠나고 두 부부만 덩그러니 남아서 방향감각을 상실하는 것은 이상한 일이 아니다. 마치 새로 결혼해서 부부생활을 처음부터 시작해야 하는 신혼부부와 같은 상황이다.

그러나 긍정적인 면도 있다. 어떤 빈 둥우리 부부들은 다시 둘만 있게 되어 너무 좋다고 말한다. 마치 두 번째 신혼과 같다고 한다. 부부 둘이서 진지하게 노력한다면 결혼생활 중 이 빈 둥우리 시기가 점점 더 좋아질 것이다.

## 빈 둥우리 부부를 위한 응급치료법

빈 둥우리 기간은 전환기의 하나이다. 이 시기는 부부관계에 변화를 주어 앞으로 함께 살아갈 삶을 개선할 수 있는 좋은 기회이다. 우리 부부도 처음에 실수를 했지만 점차 배워갔다. 빈 둥우리 시기를 잘 시작하는 데에 도움이 되는 몇 가지 조언을 소개한다.

### 먼저 잘 쉰다

인정할 것은 인정하자. 여러분은 지금까지 너무 힘들게 살아 녹초가 되었다. 가장 먼저 할 일은 잘 쉬는 것이다. 이젠 저녁 8시에 자도 된다. 며칠은 아무 일도 않고 빈둥거리는 것이 좋다. 지금은 추슬러야 할 시간이다. 그러기 위해서는 휴식을 가져야 한다. 부엌을 고치거나 새로운 집을 사서 이사하는 것은 미뤄도 된다. 한동안 잘 쉬면서 에너지가 다시 차오르길 기다리자.

## 시간을 메우려 일부러 노력하지 말자

아이들이 둥우리를 떠나면 빈자리와 빈 시간이 남는다. 아이들이 떠난 자리와 시간을 곧바로 메우려 하지 말자. 우리가 경험해봐서 잘 안다. 여러분의 이름은 자원봉사자를 구하는 모임들의 섭외 대상 일순위에 올라 있다. 마을에서 벼룩시장을 하든 교회에서 신생아 유아실 보모를 구하든 여러분에게 먼저 도움을 청할 것이다. 불행히 우리 부부는 책을 써야할 원고 마감일을 너무 앞당겨 놓았고 다른 도시에 가서 하는 강연 예약을 너무 빡빡하게 받아들였다. 얼마 안 되어 우리는 집에 십대 아이들 세 명이 있을 때만큼 지쳤고 감정이 메말라버렸다. 우리가 할 수 있는 최선의 조언은 새로운 일을 맡는 데에 서두르지 말라는 것이다.

## 변화를 주려고 성급하게 서두르지 말자

일이 어떻게 될지 상황 판단하기 전에는 큰 변화를 시도하지 말자. 우리가 알고 있는 몇몇 부부는 그 동안 부부관계가 만족스럽지 못했다는 것을 느끼고 아이들이 떠나자마자 서로 다른 사람들을 사귀려 찾아다녔다. 변화란 좋든 나쁘든 항상 스트레스가 따른다. 미래는 늘 불확실하다. 어떤 부부는 초스피드로 가정을 해체하고 나서 크게 후회한다. 어떤 부부는 직업을 바꾸거나 이사를 가려고 집을 내놓는 등 중요한 결정을 성급하게 내리기도 한다. 상황이 변함에 따라 여러분도 변해야 한다. 하지만 충분히 시간을 두어 천천히 하기 바란다. 먼저 할 일은 지금 어떤 상황에 있는지 정확히 파악하는 것이다.

### 전환기의 하나라는 것을 인정하자

부부가 서로에게 '이건 우리에게 전환기의 하나일 뿐이야. 그러니까 그렇게 큰일은 아냐.' 라는 말을 한다. 전환기에는 표면 아래서 곪아 있던 문제들이 터져 나올 수 있다. 남편은 이제 아이들도 다 떠나고 없으니 아내가 계속 자기와 살고 싶어 할까 걱정할 수 있다. 아내는 아내대로 남편이 보다 젊고 귀엽고 섹시한 여자를 찾지 않을까 두려워할 수 있다. 아내들은 이제 아이들이 성장해서 떠나고 없으니 나는 뭐가 되어야 하나? 나이가 더 들면 나는 어떻게 될까, 학교를 다시 다녀야 하나, 조그마한 가게를 하나 시작할까 등등의 생각으로 마음이 복잡할 것이다. 남편들은 나는 더 이상 출세할 수 있을까, 남은 삶을 어떻게 살아야 되나 하고 고민할 것이다. 전환기를 인정하더라도 앞으로 어떻게 해야 할지 당장 확실하게 알 필요는 없다. 부부가 함께 대화를 나누다보면 변화를 점점 더 잘 감당할 수 있을 것이다.

전환기의 가장 좋은 점 중 하나는 부부관계를 다시 조율할 기회를 얻는다는 것이다. 빈 둥우리로 옮겨가는 부부들은 스스로의 관계를 점검하여 앞으로 어떻게 발전시킬지 함께 결정할 수 있을 것이다.

### 침묵을 두려워하지 말자

새롭게 얻은 평화와 고요가 처음에는 불안하고 어색해서 견디기 힘들지 모른다. 어떤 부인은 우리에게 이렇게 말했다.

"참 이상해요. 네 명이 앉아서 먹던 식탁에 둘이서만 마주보고 있으니까요. 우리의 대화는 이제까지 모두 아이들 중심이었어요. 이제 드디어 남편 얼굴이 보이지만 저 사람은 어떤 사람이지 하는 의문이 들면서 그가 매우 낯설게 느껴져요. 그는 무엇을 원하고 있을까? 도무지 짐작이 안가요."

침묵이 거북스럽게 느껴지더라도 두려워하지 말자. 이 전환기의 매우 보편적인 현상이다. 크게 걱정할 것은 없다. 조용하고 차분한 시간을 원했던 때를 기억하자. 그리고 시간을 내지 못해 꺼내지도 못했던 책을 펴고 읽자. 좋아하는 의자에 앉아서 다리를 높이 올려놓고 읽는다. 앞으로 몇 주 동안 여러분은 부부관계를 조율하고 은밀한 대화의 달콤함을 다시 맛볼 것이다. 그리고 의사소통 기술을 업그레이드할 것이다. 그러므로 집안이 좀 조용하다고 걱정하지 말고 즐기기 바란다.

**함께 축하한다**
추카 추카! 여러분은 무사히 빈 둥우리 시기에 도착했다. 크게 축하할 일이다. 엄마 아빠가 대학가는 아들에게 작별 인사를 하는 텔레비전 광고를 본 적이 있을 것이다.

"우리 걱정은 하지 마라. 너 없다고 당장 죽기야하겠니?"

아들이 차를 몰고 떠나자 침울한 표정의 부모는 갑자기 축하 분위기로 돌변한다. 곧 바로 아들 방을 리모델링하기 시작한다. 챙겨가지 못한 물건이 생각나 다시 돌아온 아들은 엄마 아빠가 생각보다 너무 잘 견디는(?) 걸 보고 오히려 서운해 한다.

아마도 여러분은 이 부부처럼 환희로 들뜨지는 않았을 것이다. 약간 우울하고 불안하고 마음 붙일 데가 없어서 안절부절 못했을 것이다. 축하보다는 잃어버린 부모 역할을 슬퍼하고 아쉬워했을 것이다. 물론 이 시기에 상실감이나 회한을 느끼는 것은 자연스럽다. 하지만 인정할 것을 인정하고 받아들일 것을 받아들이면 그 감정들은 금세 사라진다. 부모 역할을 사임하는 슬픔으로 마음이 가라앉아도 생각을 해볼 수는 있다. 자신의 부부관계가 처음에 어떻게 시작해서 어떤 과정을 밟았고 앞으로 어떻게 될 것인지 말이다. 여러분들의 첫 번째 데이트의 과제는 바로 그것이다.

## 부부관계 점검

앞에서도 이야기했듯 우리 부부는 빈 둥우리를 축하하거나 부부관계를 재조정하는 데에 시간을 보내지 않고 오히려 전보다 더 바쁘게 일정을 짠 후 정신없이 뛰어다녔다. 수년 전부터 우리 부부는 아이들이 떠나고 나면 부부사랑 살리기 세미나를 전국적으로 다니면서 인도하려고 작심하고 있었다. 막내아들을 대학교 기숙사에 떨어트려놓고 나서, 우리는 비행장 탑승구로 경주마처럼 돌아다니기 시작했다. 이 도시 저 도시로 다니면서 다른 부부들을 열심히 도울 수 있었다. 그 동안 우리의 부부관계는 가중되는 스트레스와 피로로 삐걱거렸다. 우리들의 빈 둥우리 시기는 잘못 시작되었다.

어느 날 오전, 아침을 먹으며 커피 잔 너머로 상대방의 눈동자를 들여다보았다. 피로가 가시지 않아 아직도 벌겋게 충혈된 눈동자였다.

나(데이브)는 클라우디아에게 따지듯 말했다.

"이건 살려고 일하는 게 아니야. 우리 좀 봐. 피로로 찌들어 있어. 그래서 걸핏하면 서로 싸우려고 들어. 우리는 지금 너무 많을 일을 하고 있어. 황금같은 빈 둥우리 시기로 접어들었는데 십대 아이들이 집안에 셋이나 있던 때처럼 똑같이 피곤하고 지쳐 있어."

클라우디아가 되쏘았다.

"이봐요 지금 그게 내 탓이라는 거예요? 다음 번 세미나에 가겠다고 동의한 건 당신이잖아요?"

우리는 과부하에 대한 책임을 서로에게 미루기를 멈추고 뭔가를 포기해야 한다는 결론에 도달했다. 우리는 우리들의 부부관계만큼은 꼭 구해내자는 데에 동의했다. 우리는 생각과 일을 정리하기 위해 둘이서 함께 조용히 보낼 시간이 필요하다는 데에도 마음을 같이 했다.

우리 부부는 아이들이 다 떠나고 나면 뉴잉글랜드에 여행을 가자고 오랫동안 이야기해 왔었다. 그날 아침 우리는 이 여행을 될 수 있는 대로 빨리 떠나기로 결정했다. 다음 주말에 인도해야 할 세미나는 수도 워싱턴 D.C. 근처에서 열리기로 되어 있었다.

세미나 후에 우리는 북쪽을 향하여 떠나 메인 주 카멘에 도착했다. 부부 여행을 가는 것이 우리에게 새로운 일은 아니었다. 지난 수년 동안 우리는 둘이서만 잠깐씩 여행을 다녔다. 그때마다 아이들에게는 이게 다 너희들에게 좋은 일이라고 말하곤 했다. 아무튼 여행에서 돌아올 때마다 아이들에게 전보다 더 상냥해질 수 있었다. 이번에는 달랐다. 집에 더 이상의 걱정거리는 없다. 우리들은 마음껏 우리 자신에게만 집중할 수 있었다. 너무나 기분 좋은 일이었다.

처음 이틀 동안은 잠만 잤다. 그런 후 우리는 바닷가를 오랫동안 산책했다. 돌과 바위로 된 길을 걸었다. 힘차게 부는 시원한 바람과 파도칠 때마다 날리는 안개 같은 물방울들이 마음을 상쾌하게 해주었다.

책임과 일을 모두 떠나 신경 써야 할 사람이 주위에 아무도 없었다. 둘이서만 함께 있는 시간이 즐겁게 느껴졌다. 우리는 우리의 부부관계에 대해 이야기했다. 우리는 부부관계를 다시 조율해야 하고, 끊어진 부분을 다시 이어야 하고, 비현실적인 꿈을 버려야 한다는 것을 알게 되었다. 아이들을 키우는 동안에는 하고 싶은 일을 계획해도 그대로 실행해 본 적이 거의 없었다. 솔직히 말해서 에너지가 바닥이 나서 감히 엄두를 내지 못했다.

우리는 걸으면서 이야기했다. 데이브가 늘 하던 대로 펜과 종이를 꺼내더니 목록을 만들자고 했다. 목록을 만드는 일은 우리의 전문분야야. 무엇보다도 목록을 만들다보면 생각을 집중하기 좋다. 그날 우리는 우리의 부부관계를 냉정하게 관찰하면서 두 개의 목록을 만들었다. 하나는 '최선'이었고 하나는 '최악'이었다.

"자, 어디 우리가 무슨 일을 했는지 좀 봅시다."

클라우디아가 말했다. 다음은 그 때 우리가 만들었던 목록을 요약한 것이다.

### 최선

* 세 명의 십대 사내아이들을 키워내고도 살아남았다.
* 우리는 서로를 좋아한다.
* 우리는 함께 웃는다.
* 우리는 가장 친한 동반자들이다.
* 우리는 서로를 신뢰한다.
* 우리에게는 어느 정도 유연성이 있다.
* 우리는 가지고 있는 핵심 신앙과 가치가 같다.
* 우리는 대부분 의사소통이 원활하다.
* 우리는 부부관계를 반드시 지키고 싶다.
* 우리는 함께 문제를 풀어나가고 서로를 용서한다.

다음으로 우리는 우리 부부관계의 단점들을 이야기하기 시작했다. 이제 빈 둥우리 시기에 들어섰는데 우리 부부관계의 부정적인 면들은 무엇이고 최악 목록에 들어갈 만한 것들은 무엇인가?

가장 먼저 떠오른 것은 시간의 압박이다. 우리는 하고 싶은 일들이 너무 많아서 하루 이십사 시간이 늘 부족했다. 아니 그것은 증상에 불과했다. 진짜 문제는 일을 너무 많이 맡고, 질질 끌며, '아니요'라고 해야 할 때도 '예'라고 한다는 점이다.

또 다른 문제는 십대 아들을 셋이나 키워내느라 감정이 고갈되었다는 점이다. 우리는 아들들을 성인으로 자라도록 도와주느라 모든 힘을 다 했다. 이제는 아들들에게 집중하던 우리들을 정서적으로 해방시켜서 감정에너지를 부부관계에 투자해야 할 필요를 느꼈다.

우리 부부가 찾아낸 또 다른 문제점은 세밀한 계획을 세우지 않고 행동하는 점이다. 건강 문제(요통은 우리에게 좀 느긋하게 살면서 건강을 돌보라는 신호가 틀림없다.), 비현실적인 기대, 잘못된 우선순위, 한 가지 일에만 집중하지 못하는 성격 등이 있다. 그렇게 해서 만들어낸 우리의 최악의 목록은 다음과 같다.

### 최악

* 우리는 일을 너무 많이 만든다.
* 우리는 질질 끈다.
* 우리는 '안 된다'라고 말하지 못한다.
* 우리는 감정적으로 고갈되어 있다.
* 우리는 건강을 충분히 돌보지 않는다.
* 우리는 비현실적인 기대를 갖고 있다.
* 우리의 우선순위가 잘못되어 있다.
* 우리는 한 가지 일에 집중하지 못한다.

이 시점까지는 우리들의 부부관계가 완전하지는 않았으나 나쁘지도 않았다. 다른 부부들처럼 우리도 매일 문제에 부딪치고 갈등을 겪었다.

우리는 부부관계를 성장해야하는 관계로 본다. 다시 말해서 매일 부부관계를 개선하기 위해서 노력해야한다고 생각한다. 빈 둥우리 시기를 함께 보내는 동안 긍정적으로 성장하려면 이제까지의 방법은 안 된다는 것을 깨달았다.

우리는 그날 저녁을 부둣가에서 먹었다. 벽난로의 열기가 밤의 냉기를 몰아냈다. 우리는 어두침침한 촛불에 의지해서 밤늦게까지 자신과 부부관계에 관해서 이야기를 나눴다. 우리는 서로에 대한 헌신을 다짐했고, 우리들의 빈 둥우리를 공식적으로 축하했다. 그 시점부터 우리들의 뉴잉글랜드 여행은 미래를 함께 꿈꾸는 근사한 데이트가 되었다.

## 꿈꾸고 꿈꾸고 꿈꾸자

꿈은 우리들의 삶을 이끌어가는 이정표이다. 그날 밤 부둣가에서 우리는 지난 시절, 이루기 원했던 꿈과 기대들에 대해 이야기했다. 함께 꿈꾸는 과정을 시작한 것이다. 우리는 어떤 꿈들을 이미 이루었는가? 그때 우리는 아이들을 성인 세계로 안전히 떠나보내고 나면 그 축하로 여행을 함께 떠나자는 꿈을 이루었다. 우리는 결혼할 때 언젠가는 함께 일하자고 했는데 지금 그렇게 하고 있다. 우리는 세미나를 함께 인도하고, 책도 함께 쓰고, 한 사무실에서 책상을 마주한 채 일한다. 우리는 아이를 갖고 싶어 했고 아들을 셋이나 성공적으로 키워냈다. 우리는 평생 함께 일하며 살기를 원했는데 지금 그렇게 하고 있고 앞으로도 그럴 것이 틀림없다. 우리는 함께 여행하기를 희망했는데 독일과 오스트리아에서 몇 년 산 것과 가족이 함께 휴가를 떠난 것까지 합하면 싫증날 정도로 많이 다녔고 세상을 함께 보았다.

비현실적이라서 아직 이루지 못한 꿈도 있다. 우리는 지금쯤이면 이루어져 있기를 바랐던 몇몇 꿈들은 영원히 이루지 못할 것을 안다. 아이들을 떠나보낸 후 꼭 해보고 싶었던 일들을 다 이룰 수는 없다는 것도 안다. 우리는 절대로 이루지 못할 꿈들, 다시는 하고 싶지 않은 또는 절대로 하고 싶지 않은 일들, 아무리 노력해도 바뀌지 않을 것의 목록을 만들었다. 우리 부부에게는 이러한 목록을 만드는 일은 이루지 못할 꿈들을 완전히 떠나보내고 미래를 향해 힘차게 나가기 위한 의식이었다. 이제 그 목록을 소개한다.

### 절대로 하지 않거나 다시 할 수 없거나 또는 변하지 않을 일들의 목록

* 우리는 딸을 가질 수 없을 것이다. 우리의 핵가족은 네 소년과 한 소녀로만 이루어져 있다(손녀딸을 셋씩이나 갖게 된 것은 큰 위안이다.).
* 우리는 오스트리아로 다시 돌아가지 못할 것이다. 아이들을 대학에 모두 보낸 후에 오스트리아로 다시 갈 계획도 세웠으나 그렇게는 안 될 것이다.
* 우리는 클라우디아가 원했던 부부생활 교육 잡지를 시작할 수 없을 것이다.
* 건강을 위해서는 죽을 때까지 일을 해야 한다. 요통을 치료하지 않고 놓아두면 조만간 그만 쉬라는 신호가 올 것이다.
* 우리는 운동을 쉴 수 없다. 조금만 게을리 해도 통증이 몰려오기 때문이다(생각만 해도 끔찍하다.).
* 다시는 테니스 시합을 할 때 이기려고 하거나 스키를 타고 급경사면을 내려올 수 없다.
* 클라우디아는 여전히 책상 위에 이것저것 산처럼 높이 쌓을 것이고, 데이브는 먼지 하나 없이 깔끔하게 정리할 것이다.
* 우리의 기본적인 성격은 변하지 않는다. 행동은 어느 정도는 바뀌겠지만 전혀 다른 사람이 될 수는 없다. 데이브는 여전히 느긋하고 안이하게 살려할 것이다. 클라우디아

는 항상 모든 일에 올인(다 걸기)하려 할 것이다.

* 우리의 개인적인 꿈들 중에서도 어떤 것들은 포기해야 한다. 클라우디아는 어려서부터 되고 싶었던 의상 디자이너나 인테리어 디자이너가 되고 싶은 꿈을 접어야 할 것이다. 데이브는 오래 동안 키워왔던 재무 설계사가 되는 꿈을 이루지 못할 것이다.

이미 이루었던 꿈이든 또는 비현실적이어서 포기해야 하는 꿈이든 이야기를 나누다보면 목록을 만들어야 할 필요를 느낀다. 현재의 부부관계나 상황을 솔직하게 점검하다보면 서로를 실망시켰던 일이나 자기 자신을 좌절시켰던 일들을 담담하게 떠나보낼 수 있다. 이루지 못한 꿈들, 다니다가 중단해야 했던 대학생활, 집안 사정이 어려워져서 할 수 없이 다녀야했던 직장 등을 생각해보자. 비현실적인 기대를 가지고 있지 않은가? 아이들이 바라던 대로 자라주지 못했거나 원하던 대학에 들어가지 못하고 진로를 수정해야 했던 일은 없는가? 사고나 잘못된 습관 또는 나이를 먹어 얻게 된 건강 문제로 고생하지는 않는가? 가족이나 친척 또는 성인이 된 아이들과의 관계에 문제가 있는 건 아닌가? 실패와 이루지 못한 꿈, 비현실적인 기대들에 관해서 마음을 열고 이야기하면 인정하고 받아들이게 될 것이며 회한으로부터 벗어날 것이다. 그 후 다음 단계를 밟는다. 실망과 후회로부터 벗어나면 부부가 함께 다시 미래를 꿈꿀 수 있을 것이다.

〈부부생활 후반전〉 세미나에 참석했던 한 부인이 다음과 같이 이야기를 했다.

"나는 남편 프랭크에게 말끔하게 정리된 새로운 하루를 시작할 수 있도록 매일 아침 도와야겠다고 생각했어요. 새로운 하루를 시작하기 전에 전날의 실망과 상처들을 모두 처리해줘야겠다는 생각이었죠. 하지만 프랭크는 프랭크이고 나는 절대로 그를 바꿀 수 없다는 것을 깨달아갔어요. 프랭크는 나와 절대로 춤추려하지 않을 테고, 아침마다 휘파람을 불거라는 사실도 받아들여야 했어요."

〈우리는 절대로……〉 목록을 마치고 우리 부부는 다른 목록을 만들었다. 〈빈 둥우리 시기를 위한 목록〉이었다. 남은 생을 잘 보내기 위해 필요한 일들을 목록으로 만들었다. 이제 이 목록을 공개하려고 한다. 여러분도 이 같은 목록을 만들어보았으면 하는 바람이다.

**우리가 앞으로 할 일들**

* 우리는 이루지 못한 꿈들을 떠나보낼 것이다. 서로에 대한 실망, 그리고 자녀들, 부모들, 그리고 우리 자신에 대한 실망들을 인정하고 받아들여서 완전히 해방될 것이다.
* 우리는 한 몸이라는 사실을 인정하고 받아들일 것이다.
* 우리는 필요할 때마다 서로를 용서하고 서로에게 용서를 구할 것이다.
* 우리는 서로에 대한 헌신을 새롭게 할 것이다.
* 우리는 계속 꿈꿀 것이고 함께 성장할 것이다.
* 우리는 계속 데이트를 하고 즐거운 시간을 함께 할 것이다.

## 빈 둥우리에 적응하기

함께 꿈꾸는 것은 즐겁고 신나는 일이다. 꿈을 이루기 위해서는 부부 모두에게 적응과 변화가 필요하다. 부부관계는 계속해서 변화한다. 지금의 관계는 처음 결혼했을 때의 관계와 다르다. 앞으로 세월이 지나면서 일어나는 변화에도 적응해야 한다. 특히 빈 둥우리 시기에 들어간 부부는 변화에 대해 적극적으로 대응해야 한다. 아이들이 떠나서 부부 사이의 역할관계에 큰 변동이 왔기 때문이다.

단기적인 시각에서 매우 중요했던 신체적 매력이나 감정적 끌림, 로맨스 등은 장기적인 안목에서 보면 더 이상 중요하지 않다. 매우 귀엽다고 생각했던 것들이 세월이 지나면서 자기도 모르는 사이에 신경에 거슬린다. 부부는 서로에게 맞춰 기꺼이 적응하고 변하려 노력해야 한다. 서로를 용납하고 받아들여야 한다. 또 보다 성숙하고 지속적인 사랑으로 부부관계를 성장시켜야 한다.

부부가 서로에게 진정으로 헌신하지 않으면 문제가 생길 때 포기하고 헤어지기 쉽다. 어떤 부부관계도 문제는 있다. 빈 둥우리 기간을 성공적으로 보내는 부부와 그렇지 못하는 부부의 차이는 함께 성장하면서 문제가 있을 때마다 함께 풀어 가는가 그렇지 않는가에 달렸다.

헌신은 단순히 둘이 붙어 지내는 것과 다르다. 진정한 헌신은 부부가 변화의 필요에 서로 적극적으로 대응해야 한다.

피터는 아내 엘렌이 왜 사십대 후반에 법률 공부를 하려고 학교에 다니겠다고 하는지 이해할 수 없었다.

"사년 후에 당신이 몇 살이 되는지 알고 있어? 오십대야 이 사람아!"

엘렌은 대답했다.

"사년 후면 법대에 가든 안 가든 오십이에요. 아이들도 다 떠나고 없는데 내가 하고 싶다는 일을 지원해주지는 못할망정 왜 못하게 하는 거예요?"

배우자의 욕구에 적응하는 데에는 자기희생이 필요하다. 배우자의 입장에서 생각해야 하며 배우자가 진정으로 원하는 것은 무엇이든지 할 수 있도록 도와야 한다. 부부는 함께 변화해야 한다. 부부가 서로에게 헌신한다는 것은 서로에게 가장 친한 친구가 되어준다는 것이다. 다시 말해 부부는 서로에게 가장 의지할만한 친구가 되어야 한다는 말이다.

부부관계 연구조사자들은 세월이 지나면서 부부에게 가장 중요한 것

두 가지를 말한다. 서로의 변화에 맞추어 기꺼이 함께 변화하려는 마음과 상대의 특이한 버릇을 참아주는 관용이다. 우리 부부는 지난 사십여 년 동안 함께 살았다. 그 기간에 깨달은 점은 상대방을 변하게 할 수 없다는 것이다. 변화시킬 수 있는 것이 있다면 자기 자신 뿐이다. 이때 매우 흥미로운 일이 생긴다. 우리 부부 중 하나가 변하면 다른 사람도 변한다.

예를 들면 나(클라우디아)는 아이들이 떠난 후 체력단련에 큰 관심이 생겼다. 데이브에게 함께 운동해서 몸 관리를 하자고 졸랐다. 그러다 자기 몸은 오로지 자기가 책임져야 한다는 사실을 깨달았다. 나는 혼자만이라도 해야겠다고 마음먹고 규칙적으로 운동하고 건강 식단에 신경을 쓰기 시작했다. 그러자 매번은 아니었지만 데이브도 가끔 나를 따라 조깅도 하고 신선한 과일이나 야채를 먹으려고 노력하게 되었다.

각자가 스스로 자신의 필요에 따라 변하려 노력하면 부부관계는 자연히 개선된다. 자 이제 여러분들이 자신의 꿈을 꾸고 그 목록을 만들고 빈 둥우리 축제를 벌일 시간이다.

*2부의 데이트 길잡이의 첫 번째 데이트를 펴고 남은 생에 대한 꿈과 희망들을 함께 나눠보자.*

두번째 데이트

# 다시 둘만의 삶

**사십구 세의** 성공한 신경외과 의사인 존은 병원 운영, 골프, 가정생활에 대한 계획을 상세하게 세우고 그대로 실행해왔다. 사십칠 세인 아내 사라는 아이들의 어머니 역할을 잘 해왔고, 지역사회 일에 열심히 참여했으며, 자신의 삶에 매우 만족해했다. 그러던 어느 날 막내 아이마저 집을 떠나자 집안이 텅 비었다. 그들은 이로 인해 일어날 변화와 생길 문제에 대한 준비가 전혀 없었다.

사라는 이렇게 이야기했다.

"우리 부부는 결혼하고 나서 지금까지 이십 오년 동안 적당한 거리를 유지하면서 비교적 편안하게 살아왔어요. 우리는 크게 친밀하진 않았지만 그래도 평균 이상은 된다고 생각했어요. 그런데 막내 딸 클레어가 집을 떠나 대학에 가자마자 내게는 극심한 변화가 왔어요. 실직자가 된 거죠."

존은 다음과 같이 덧붙였다.

"사라만 힘든 건 아닙니다. 클레어는 능숙한 클래식 기타 연주자였는데 그 아이가 대학에 가니까 그 애의 기타 연주소리가 너무 그립습니다.

집안이 적막합니다. 클레어의 기타 연주 소리는 우리에게 음악 치료였던 것 같습니다. 클레어가 가고 나니까 우리 사이의 거리감이 더 크게 느껴집니다. 우리 부부는 감정적인 진공 상태에 들어갔습니다. 거기서 빠져나오느라 오랜 시간이 걸렸습니다. 우리는 결혼 생활의 전반기를 아이들을 키우고 병원 운영하는 데 다 보냈습니다. 나는 왜 그렇게 계속 매주 80시간씩 일해야 했는지 모르겠습니다. 아이들도 다 가버렸지 않습니까? 왜 내가 그렇게 일에만 매달렸죠? 세상적인 기준에서 보면 우리는 경제적으로 성공한 셈이지만 뭔가 크게 부족합니다."

사라가 말을 이었다.

"우리는 빈 둥우리 시기가 인생 중에서 매우 사적인 기간임을 깨달았어요. 우리 부부는 친밀한 면에 매우 서툴렀죠. 어느 날 우리는 앞으로 남은 삶에서 무엇을 가장 원하는지에 대해서 이야기했어요. 갑자기 존이 '내가 원하는 건 보다 나은 부부관계야!' 라고 소리쳤어요. 나는 까무러칠 정도로 놀랐어요. '언제부터 남편이 우리 부부관계를 소중하게 생각했지?' 라는 의문이 들었죠. 그러나 우리는 부부생활에 대해서 깊은 대화를 나누기 시작했어요."

존과 사라는 서로에게 초점을 다시 맞추기 위한 첫 발을 내딛기 시작했다. 이제부터 그들은 다시 커플이 되는 방법을 배워야 한다.

십여 년 전 우리 부부가 빈 둥우리 시기에 들어섰을 때, 부부관계와 가족생활 전문가였던 우리조차 스스로의 부부관계에 다시 초점을 맞추고 개선해야 했다. 아이들이 십대를 지나가는 동안(아이들을 돌보거나 일을 할 때) 우리는 각개전투 전법을 사용했다. 내(데이브)가 사회봉사 석사 학위를 취득하는 동안에 클라우디아는 부모 지지 그룹을 개발해서 인도했다. 가끔 부부 사랑 살리기 세미나는 함께 인도했지만 대부분 각각 따로 활동했다.

나(클라우디아)는 부모 지지 그룹을 인도하면서 틈틈이 아이들 학교에 가서 자원봉사를 했다. 막내가 테니스 대표 선수로 참가하는 경기마다 데리고 다니면서 응원해야 했다. 우리가 아이들을 보살피는 동안 이러한 분담 방법이 통할 수 있었다. 주말이면 가끔 우리 부부끼리만 여행을 떠나 다시 부부관계를 회복하곤 했다. 우리는 그런 식으로 겨우 버티면서 다시 둘이서만 있게 될 때를 간절히 기다렸다. 세월이 흘러 우리도 존과 사라처럼 빈 둥우리 시기에 들어갔다. 그리고 서로에게 초점을 다시 맞추고 커플로 다시 돌아가는 방법을 찾아내야만 한다는 사실을 깨달았다. 여러분들도 초점을 서로에게 다시 맞추고 둘만의 시간으로 돌아가야 할 필요를 느낄 것이다. 이 두 번째 데이트에서 해야 할 과제이다.

매우 좋은 소식이 있다. 그것은 지금까지 여러분의 부부관계에 문제가 있고 그 어떤 어려움이 있었다 해도 일단 빈 둥우리 시기에 들어가면 다시 새롭게 시작할 수 있다는 점이다. 서로에게 초점을 맞추고 보다 친밀한 관계로 발전시켜 나갈 수 있다는 것이다. 한 가지 미리 경계할 것이 있다. 초점 회복을 위해서는 적지 않은 노력이 필요하다. 빈 둥우리 시기에 들어가면 부부관계는 전혀 다른 차원에 돌입하며 이 전환기는 기회와 함께 위험을 동반한다.

**빈 둥우리 부부의 경험담**

"우리가 결혼하기 전 데이트 할 때에는 컨트리 웨스턴 댄스를 좋아했습니다. 그래서 결혼식 피로연에서도 신부가 컨트리 웨스턴 댄스를 췄습니다. 그러나 직장 일, 아이들 양육, 그 밖의 여러 일들 때문에 너무 바빠서 한동안 댄스와 데이트는 잊어버리고 살았습니다. 우리 교회에서 개최한 열 번의 데이트 프로그램에 참가하고 나서부터는 컨트리 웨스턴 댄스 데이트를 하기로 마음먹고 다시 시작했습니다. 이 데이트야말로 신선한 충격이었고 이로 인해 우리 부부의 행복지수는 크게 상승했습니다."

– 토냐와 필, 사우스다코타에서

## 중년기 부부의 위기

아이들이 모두 떠나면 부부는 중년기 부부들이 흔히 겪는 소진의 위험과 마주친다. 어떤 빈 둥우리 부부들은 아이들이 떠나면서 남긴 자리와 시간을 더 많은 일과 골프, 자원봉사, 또는 텔레비전으로 채우려 한다. 아이들 없이 단 둘이서만 살아가는 삶이 어색하고 불안하기 때문이다. 이제까지는 아이들이 일종의 완충 작용을 했다. 부부 사이의 스트레스나 곤란한 문제들을 아이들에 관한 화제를 꺼내서 회피할 수 있었다. 이제 완충제가 사라졌다.

이 전환기를 매우 위험하게 할 수 있는 여섯 가지 요소들이 있다.

### 빈 둥우리 시기는 안전을 위협받는 기간이 될 수 있다

아이들이 주위에 없으면 자연히 자기 자신을 들여다볼 시간이 많아진다. 결혼하고 나서 처음으로 자신의 부부관계를 진지하게 살펴볼 수 있다. 정서적으로 단절되거나 멀어져 있는 부부들에게 이와 같은 성찰의 시간은 매우 두렵다. 부부 사이에 생긴 문제를 항상 뒤로 미뤘던 부부가 둘만 남아 서로를 바라본다. 저 사람을 과연 얼마나 알고 있는지, 여전히 좋아하는지 의혹을 품을 수 있다. 그들은 함께 나눌 것이 아직도 남아있는지를 확신할 수 없다.

사라와 존은 막내 아이가 집을 떠나고 난 후 불안해졌다. 존이 자기는 보다 나은 부부관계를 원한다고 선언했다. 사라는 그 말이 과연 그가 부부관계를 개선하기 원한다는 말인지 아니면 더 나은 여자를 찾아 떠나겠다는 말인지 분간할 수 없었다. 이 일이 있고 난 며칠 뒤 존이 저녁에 집에 돌아왔을 때 사라는 이혼에 관한 책을 읽고 있었다. 존은 이 여자가 자기를 떠나려 한다고 의심했다. 그들은 둘 다 현재의 부부관계를 계속 유지하고 개선해 나갈 의지가 있는지 아니면 새로운 사람과 다시 시작하려고 하는지를 확인해야만 했다.

**사람들의 평균 수명이 크게 늘어나서 이제는 빈 둥우리 시기가
결혼 생활 중 가장 길고 가장 중요한 기간이 되고 있다**
이제는 결혼 60주년 또는 70주년을 축하하는 부부가 늘었다. 옛날에는 남자와 여자가 만나서 결혼하고 가정을 이루어 자녀들을 키우고 나면 곧 죽어갔다. 이제 사람들은 그 어떤 시대보다 더 오래 살고 있다. 부부가 함께 오래오래 사는 것은 예외가 아니라 매우 일반적인 현상이 되었다. 어떤 부부는 빈 둥우리 시기에 들어가자마자 헤어지고 만다. 앞으로 삼사십년 동안을 더 살아야 하는데 만족스럽지 못한 부부관계를 질질 끌어갈 것을 생각하면 너무나 끔찍하기 때문이다. 그들을 함께 붙여놓았던 접착제(아이들)가 떠나면서 그들이 함께 살 이유도 사라진 것이다.

이제 막 빈 둥우리 시기에 들어온 사라와 존은 부부관계를 현재 그대로 유지하고 싶은 생각이 조금도 없었다. 문제는 그들이 부부관계를 개선하고 다시 두 사람만의 관계로 돌아가는 방법을 진정으로 찾고자 하는가의 문제였다. 다행히 이 부부는 현재의 관계를 개선하고자 했다.

**빈 둥우리 기간은 그렇게 길지 않을 수 있다**
최근에 빈 둥우리라는 용어가 오해를 불러일으킬 수 있음을 발견했다.

Monstertrack.com에서 실시한 한 조사에 의하면 대학 재학생 중 6할은 집으로 돌아가 고향에서 졸업하기를 원하고 2할은 적어도 1년 동안은 부모와 함께 살고 싶다고 한다. 그리고 25세부터 34세 사이의 미국 미혼 남녀의 중 삼분의 일이 부모와 함께 산다. 그뿐 아니라 결혼한 자녀들도 배우자와 자기들의 자녀들까지 데리고 들어와 함께 사는 경우도 적지 않다. 더 이상 빈 둥우리가 아니다.

우리 세미나에 참석했던 한 부인은 자기 맏딸에 관한 걱정을 이렇게 털어놓았다.

"두 어린아이를 키우고 있는 딸이 정서적인 문제로 고통을 겪었어요. 아마도 스트레스가 너무 심해서 남편과 곧 헤어질 것 같아요. 걱정은 두 손자들을 남편과 내가 키워야 될 것 같아요. 그 아이들을 사랑하지만 부모 역할을 다시 떠맡고 싶지는 않거든요."

그런가 하면 어떤 빈 둥우리 부부는 두 손녀에 대한 양육권을 갖기 위해 법적 조취를 취하고 있다. 약물 재활 치료를 받는 딸이 두 아이를 키울 수 없다고 생각했기 때문이다. 이 부부에게는 딸을 잘못 키웠다는 실패감도 큰 스트레스가 되었다.

## 복합결혼 증가로 보다 다양화되는 빈 둥우리 시기

많은 부부들이 두 번째 결혼 생활을 한다. 이와 같은 경우 남편과 아내가 첫 번째 결혼에서 얻은 아이들과 재혼을 통해서 생긴 아이들 모두를 보살피기도 한다. 이와 같은 부부들은 다른 부부들 같으면 빈 둥우리 시기에 들어갈 나이인데도 아직 집안이 아이들로 바글거릴 수 있다. 성인이 된 자녀들이 배우자와 자기 아이들까지 데리고 들어와 함께 살 수도 있다. 재혼을 통해서 아이를 가졌다면 걸음마를 하는 어린아이도 있을 수 있다. 연로한 부모들이 들어와 함께 살 수도 있다. 이 같은 경우 어린아이와 어린아이로 돌아간 노부모님들을 함께 보살펴야 하기 때문에 더욱 힘들고 어려워질 수 있다.

**빈 둥우리 부부의 경험담**

우리는 빈 둥우리 시기에 들어서자마자 콜로라도로 이사를 했기 때문에 스키 타는 법을 배울 필요를 느꼈습니다. 우리 부부는 함께 스키 레슨을 받았습니다. 우리는 이제 겨울만 되면 스키 데이트를 즐깁니다. 썩 잘 타지 못하지만 중요한 것은 부부가 함께 스키를 타면서 즐거운 시간을 보낸다는 것입니다.

— 커트와 나탈리, 콜로라도에서

## 부모 역할을 사임하는 것이 생각보다 어렵다

어떤 부모들은 부모 역할을 계속 붙들고 싶어서 아이들을 독립적인 성인으로 떠나보내지 못해 힘들어하기도 한다. 이와 같은 부부들은 성인 자녀들이 이제는 자기만의 공간과 경계선을 원하는데도 불구하고 아직도 그 자녀들을 중심으로 계속 살기를 원한다. 이처럼 떠나보내지 못하는 이유 중 하나는 아들이나 딸이 성인으로 성장하면서 겪는 고통을 보고만 있을 수 없기 때문이기도 하다. 아무튼 아이들이 집을 떠날 때마다 상실감을 느끼는 것은 어쩔 수 없다.

빈 둥우리 시기에 들어간 어떤 어머니는 다음과 같이 이야기했다.

"막내딸이 결혼을 해서 미 대륙 반대편 지역으로 이사 갔을 때 너무 우울하고 딸아이가 보고 싶어서 죽을 뻔했어요. 너무나 큰 상실감 때문에 거의 사별과 같은 슬픔을 겪었다는 느낌이 들었어요. 그렇게 가까웠던 딸이 그토록 멀리 떠나다니 정말 견디기 힘들었습니다."

## 이 전환기를 통과하는 부부들을 돕는 자원이 제한되어 있다
결혼에 관한 책과 자원은 대부분 예비부부와 신혼 부부 또는 자녀들을 키우는 부부들을 위한 것들뿐이다. 빈 둥우리에 관한 전국 라디오 방송 프로그램을 준비하면서 제작자와 이야기를 나눈 적이 있다. 그녀는 결혼 생활을 그토록 오래 해 온 부부들에게 문제가 있을 수 있다는 사실을 부정했다.

"이미 그렇게 오래 함께 살아왔고 아이들까지 무사히 키워냈는데 부부관계에 대해서 더 알아야 할 것이 있을까요?"

우리 부부는 동시에 대답했다.

"물론 있습니다. 절대로 있습니다."

십여 년 전 우리 부부가 빈 둥우리 시기로 들어갈 때 우리는 결혼생활 전문가였는데도 불구하고 절실하게 도움이 필요했다. 이 전환기를 위한 자원을 찾아내려고 했을 때 우리는 빈 둥우리 시기를 다루는 책이나 정보를 거의 찾을 수 없어서 믿기 힘들 정도였다. 우리는 이 빈 둥우리 시기를 연구 조사하기 시작했으며 전국을 대상으로 실시했던 설문조사를 통해서 수천의 부부로부터 편지 응답을 얻어낼 수 있었다. 어떤 부부들은 성공적으로 이 전환기를 통과해서 빈 둥우리 시기를 즐기는 반면 어떤 부부들은 부부관계를 계속 유지해가려고 안간힘을 쓰는 것을 볼 수 있었다. 우리는 이 전환기의 부부들이 어떤 문제들과 고통을 겪는지 그 내면을 들여다 볼 수 있었다. 십여 년 동안 우리 부부는 결혼 생활 후반전을 보내고 있는 부부들의 관계를 계속 연구하면서 책도 쓰고 세미나도 인도하고 비디오 교과 과정도 개발했다. 그리하여 빈 둥우리 부부들에게 문제들을 극복하고 남은 생을 가장 잘 보낼 수 있도록 돕고 있다. 그러나 아직도 이 시기를 위한 자원은 극도로 빈약하다.

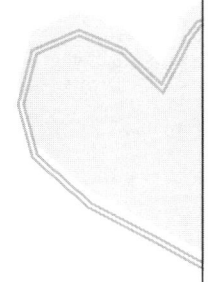

**빈 둥우리 부부의 경험담**

"막내아이가 대학을 가고 난 후 우리 부부는 지역에 있는 헬스 센터에 가입을 해서 매주 함께 열심히 운동하고 있습니다. 멋진 몸을 함께 만들면서 부부관계도 아름답게 만들고 있습니다."

– 그레그와 마시, 코네티컷에서

## 빈 둥우리는 얼마나 위험한가?

빈 둥우리 시기를 위협하는 요소들을 생각해본 적이 있는가? 빈 둥우리 시기로 들어가는 전환기가 매우 위험할 수 있는 것만 알아도 부부관계를 개선해나가는 데에 큰 도움이 될 수 있다. 그리고 이 책과 함께 데이트를 하나씩 마칠 때마다 위기 극복 기술들을 익혀가게 되면 이 전환기를 보다 원만하게 통과할 수 있다. 약간의 훈련을 통해서 부부관계에 다시 초점을 맞추는 법을 배우면 이 시기는 훨씬 나아질 것이다. 짐이 무거운 자녀 양육기간보다는 훨씬 만족스럽게 보낼 수 있을 것이다. 더 이상 아이들 중심으로 살지 않아도 되기 때문에 두 사람의 인간관계를 보다 친밀하고 깊게 발전시킬 수 있다. 여러분은 다시 커플이 되는 방법을 배울 수 있다. 여러분은 배우자에게 다시 초점을 맞추고 살아갈 수 있다. 첫 번째 데이트에서 여러분은 현재 가지고 있는 장점과 단점들을 살펴보고 약식이긴 하지만 부부관계 점검을 이미 마쳤다. 그리고 실망과 비현실적인 기대들을 떠나보내고 미래에 대한 새로운 꿈을 함께 꾸기 시작했을 것으로 믿는다. 이제 다시 커플로 돌아가기 위한 두 가지 실용적인 방법을 소개하려 한다. 그것은 부모 역할을 완전히 사임하는 것과 배우자에게 초점을 맞추는 것이다.

## 부모 역할의 사임

수와 엘튼의 무남독녀 외동딸인 엘리슨이 대학에 들어갔을 때 수도 함께 따라간 거나 다름없었다. 매일 전화하고 이메일을 주고 받다보니 딸과 매우 가까이 있는 거나 다름없이 되었다. 엘리슨이 대학을 졸업하고 직장을 따라 서부 해안으로 이사를 갔다. 수는 엘리슨이 컴퓨터 프로그래머 일을 잘 감당하지 못할까봐 걱정이 태산 같았다. 매일 저녁 식사 때마다 식탁을 마주 보고 앉아 수와 엘튼은 딸에 관한 이야기만 했다. 그리고 휴가를 얻을 때마다 딸에게 갔다.

　엘리슨이 결혼을 하자 관심의 대상이 더욱 넓어졌다. 사위와 사위가 데리고 온 딸까지 챙겨야 했다. 엘튼은 아직 딸에 대한 사랑이 식은 건 아니지만 그래도 엘리슨 중심으로만 살아가다보니 너무 지쳐서 이제는 일을 더 많이 하고 집에 있는 시간을 크게 줄여가기 시작했다. 그러다 보니 결국 수와 엘튼은 부부 상담을 받아야 할 지경에 이르렀다. 수와 엘튼은 부부관계에 무슨 문제가 발생했는지 알 수는 없었으나 도움이 필요하다는 것은 깨달았다.

　상담을 받는 동안 수는 자기가 아직 부모의 역할을 물러나지 않아서 상실 과정을 제대로 통과하지 못했다는 것을 알았다. 딸에게 집착함으로써 남편과의 관계뿐만 아니라 딸과의 관계도 손상을 입었다는 사실을 알게 되었다.

## 충분한 애도

여러분도 수와 다르지 않다는 생각이 든다면 시간을 내서 상실을 인정하고 충분히 애도하는 것이 좋다. 앞에서도 이야기했듯 아이들이 모두 떠나면 누구나 깊은 상실감을 느낀다. 부모 역할의 상실로 인한 슬픔과 두려움을 억누르거나 무시한다고 그 감정들이 해결되거나 사라지지 않는다. 부부 중 하나만 상실감을 느끼고 다른 배우자는 아무렇지 않아서 서로 이해하지 못할 때도 있다. 부모 역할 상실로 인한 슬픔은 개인마다 그 정도가 다르다. 항상은 아니지만 일반적으로 아버지보다 어머니가 더 큰 상실감을 느낀다.

『빈 둥우리(Empty Nest)』의 저자 쉘리 보비에 의하면 자기가 면담한 대부분의 빈 둥우리 부인들이 겪는 경험은 크게 두 범주로 나뉜다고 한다.

"어떤 어머니들은 목적과 정체성을 상실함에 따라 우울증을 수반하는 깊은 슬픔을 느끼는 반면 다른 어머니들은 삶의 새로운 장을 여는 기회로 여긴다."

여러분 가운데 우울증이나 목적 상실과 같은 심각한 증상을 겪는다면 도움을 구하는 것이 좋다. 상담자나 믿을 수 있는 친구 또는 목사를 찾아서 도움을 얻고 이 전환기를 무사히 통과해야 한다. 의사가 필요할 수도 있다.

보비는 다음과 같이 조언한다.

"삶의 한 발달 단계에서 다음 단계로 넘어갈 때 혼자서 조용히 보내는 시간은 꼭 필요하다. 이때는 이것저것 닥치는 대로 시도하려고 미친 듯이 다니는 것은 좋지 않다."

상실감을 인정하고 충분히 슬퍼할 만한 시간을 내는 것이 좋다.

30년 동안 결혼생활을 해온 어떤 부인은 우리의 설문조사에 다음과 같이 응답했다.

"우리 첫딸이 대학에 갔을 때 그 아이가 우리에게 죽은 거나 다름없다고 느꼈어요. 물론 죽지 않았다는 것을 잘 알았지만 지난 이십년 동안 그 아이를 중심으로 살아온 삶은 이제 끝났다는 것을 깨달았어요. 나는 슬픔과 상실감을 처리하느라 육 개월을 소모했어요. 우리 가족 전체가 지금까지 지켜온 유대감이 사라진 것을 애도한 것이죠. 그것은 과정이었어요. 10년이 지난 후에 다시 보니 그 죽음은 가족 관계가 전혀 새로운 차원으로 다시 태어나는 출발이었어요. 아이들을 결혼시킬 때마다 새로운 문화가 더해져서 우리 가족생활은 더욱 풍성해지고 다채로워졌어요. 그리고 손자 손녀들이 새로 태어날 때마다 우리 가족에게 환상적인 즐거움과 환희를 더해주었습니다."

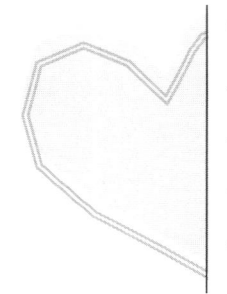

**빈 둥우리 부부의 경험담**

우리는 마사지 클래스를 함께 들었습니다. 그리고 서로의 몸에 마사지를 해주면서 얼마나 즐거워하는지 모릅니다. 심지어는 애정 생활까지도 크게 개선되었습니다.

– 제프와 패티, 플로리다에서

## 부모 역할 졸업식 거행

너무 고통스러워 견디기 힘들다면 부모 역할을 마치는 공식적인 행사를 가지는 것도 좋은 방법이다.

33년 동안 결혼생활을 해온 한 어머니는 다음과 같이 조언을 한다.

"부모 역할에 종지부를 찍는 공식적인 행사를 하는 것이 좋아요. 나는 대학으로 떠나는 아들들을 위해 '학교로 떠난다.'는 말을 수놓은 모직 담요를 만들었어요. 하나 만드는 데에 수년씩이나 걸렸어요. 그리고 아이들이 대학으로 떠날 때마다 이 담요를 건네주는 식을 거행했습니다. 나에게는 풀어진 끝자락을 다시 여미는 것 같았습니다. 양탄자를 완성해서 줄 때쯤이면 아이를 떠나보내는 준비가 다 되어 있었어요."

우리 부부와 가깝게 지내는 샌디는 이 어머니의 말을 듣자 "나도 그렇게 했으면 정말 좋았을 텐데 아쉽네요."라고 말했다. 이렇게 시간과 정성이 많이 들어가는 의식을 누구나 거행할 수는 없다. 하지만 어떤 방법으로든 마무리 짓는 행사를 갖는 것이 좋다. 예를 들어 이제 성인이 된 아이에게 성인의 지위를 확인해주는 공식적인 편지를 써도 좋다. 아니면 아이를 보내는 슬픔과 아쉬움 그리고 아이를 위해 품었던 이루지 못한 꿈들을 글로 써도 마음을 정리할 수 있다.

이때 다음과 같은 것들을 생각해 보는 것이 좋다.

* 아들이나 딸을 위해 꾸었던 꿈들이 무엇인가?
* 이미 이룬 꿈들은 무엇인가?
* 비현실적인 것으로 판명된 꿈들은 무엇인가?
* 이루어지지 않을 꿈들은 어떻게 해야 포기할 수 있을 것인가?
* 부모 역할을 졸업하기 위해서 상징적으로 할 수 있는 의식은 무엇인가?

여러분이 영향을 미칠 수 있는 것과 영향을 미칠 수 없는 것들을 깊이 생각하면 성인이 된 자녀들을 보다 쉽게 보낼 수 있다. 우리 부부가 경험한 바에 의하면 아이들은 어떻게 해서든 스스로 잘 해나갈 것이 분명하다. 그 점은 안심해도 된다. 더 이상 걱정할 필요가 없다(성인 자녀들을 떠나보내고 그들과 새로운 관계를 만들어가는 방법에 대해서는 7장에서 보다 자세히 다룰 것이다.).

**빈 둥우리 부부의 경험담**

우리는 아이들을 떠나 보낸 후 스윙 댄스 강습을 토요일마다 6주 동안 받았습니다. 지금은 밸런타인데이마다 댄스파티에 참석합니다. 그때마다 마치 십 대로 돌아가는 기분입니다. 이젠 매년마다 새로 배운 스윙댄스 기술로 춤을 추면서 새해를 맞이합니다.

– 빌과 글래디스, 캘리포니아에서

## 배우자에게 다시 초점을 맞춘다

우리 부부처럼 아이들을 돌보는 동안 각자 독자적으로 일했다면 여러분은 의식적으로 배우자에게 초점을 맞추려 노력해야 한다. 여러분은 빈 둥우리 시기 동안 보다 친밀한 부부관계를 만들어갈 좋은 기회를 얻었다. 왜 서로에게 초점을 다시 맞추는 것이 그렇게 중요한 일인가? 이 시기는 부부를 결집하는 힘이 부부관계 자체로부터 생겨야 한다. 부부 중 어느 한 쪽이라도 부부관계에 만족하지 못해서 불행하다고 느낄 수 있다. 이 경우 외부의 작은 압력만으로도 부부가 함께 빈 둥우리 기간을 유지하기란 매우 어렵다. 부부관계를 지켜가는 힘을 안으로부터 얻기 위해서는 '우리' 의식을 키워야 한다. 쥬디스 왈러스타인과 샌드라 블레이크스리는 함께 쓴 『최선의 결혼 생활(Good Marriage)』에서 다음과 같이 이야기한다.

"부부로 살면서 느끼는 좌절감이나 도망가고 싶은 유혹을 이겨내고 부부관계를 계속 유지해갈 수 있는 힘은 바로 '우리' 라는 의식이다."

## '너'와 '나' 안에서 '우리'를 찾자

부부관계를 개선하고 '우리' 의식을 개발하기 위해서는 부부가 한 몸이라는 의식을 발전시켜야 한다. 한 배우자의 정체성이 다른 배우자의 정체성 안으로 녹아들어가야 한다는 의미가 아니다. 그보다는 두 명의 주체적인 개인이 자신의 정체성을 유지하면서 부부관계의 '우리' 부분, 즉 '나' 보다도 '우리'가 더 중요하게 되는 부분을 개발해야 한다는 의미이다. 다시 말해 부부는 두 사람을 위해서는 어떤 선택이 가장 최선인지를 생각하며 결정해가야 한다는 뜻이다.

스코트 스탠리는 『헌신의 핵심(Heart of commitment)』에서 다음과 같이 말한다.

"'우리' 라는 의식 안에서 생각해야만 마음이 가장 편한 사람들이 부부관계에 보다 깊이 헌신하고 보다 큰 행복을 느끼는 경우가 많다. 이 발견은 흥미를 유발하는 것으로 끝나지 않는다. 이 사실은 오늘날 크게 강조되는 압도적인 개인주의에 대항하는 기조로 우뚝 솟았다. 부부 두 사람이 각자 자신만의 안녕을 추구하기보다는 한 팀으로서 가장 최선의 길이 무엇인지를 생각하며 살아야 오랫동안 함께 행복할 수 있다."

서로에게 삶의 초점을 맞출 수 있어야만 자기 자신을 마음껏 배우자에게 나눠줄 수 있으며, 역할 분담에 관해 보다 너그러워질 수 있다. '우리' 의식을 가지지 못한 부부들처럼 주도권 싸움으로 시간을 허비할 필요가 없다.

존과 사라의 경우로 되돌아가서 이 부부가 빈 둥우리 시기에 '우리' 의식을 어떻게 개발했는지 알아보자. 물론 쉽지는 않았다.

사라가 먼저 말했다.

"지난 25년 동안 살면서 거의 대부분의 선택과 결정을 내가 내렸어요. 존은 그저 돈만 벌어다 주었죠. 이제 우리 부부관계의 단절된 부분을 회복하고 발전시키려니 함께 일하는 것이 쉽지 않고 동의를 얻는 것은 더더욱 어렵다는 것을 알았어요. 예를 들어서 이제 아이들이 다 떠났으니 수영장을 메우고 장미 화원을 만들고 싶었어요. 그 이야기를 했더니 존이 기겁을 하더군요. 한 번도 수영장에서 수영한 적이 없으면서도 반대했어요. 물론 우리 가족이 그 수영장을 중심으로 지난 십 수 년 동안 즐겁게 지낸 것은 사실이에요. 하지만 지금은 텅 비지 않았나요? 또 우리 가족생활이 완전히 변했다는 사실을 계속해서 떠올리게 하지 않나요?

집안을 다시 꾸밀 때 또 다른 위기가 왔어요. 수리를 하다가 침실 카펫 밑에 나무 마루가 깔린 것을 발견했어요. 그런데 존은 카펫을 좋아하고 나는 나무 마루를 더 원했어요. 이야기하고 또 이야기해서 결국 나무 마루로 되돌리기로 존을 설득했어요. 그런데 인부들이 카펫을 벗겨내기로 한 전날 밤, 존이 전화를 해서 취소시켰어요. 나는 화가 머리끝까지 났어요. 다음 날 나는 혼자서 침실 카펫을 뜯어버렸어요."

존이 말을 이었다.

"사라가 진짜로 화가 났다는 것을 알았습니다. 보통 때 같으면 말로만 하고 마는데 이번에는 화났다는 것을 행동으로 보여주었습니다. 우리의 부부관계를 다시 새롭게 시작하거나 개선하기 위해서는 커플로서 함께 노력해야 한다는 것을 깨달았습니다."

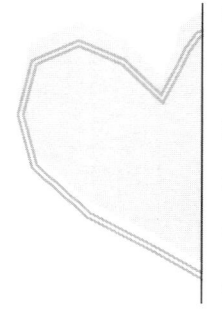

### 빈 둥우리 부부의 경험담

"우리 부부는 3일 골프학교를 다니고 바로 골프를 치기 시작했습니다. 우리가 함께 골프를 즐길 때는 점수를 계산하지 않습니다. 우리 부부는 둘 다 지고는 못사는 성격이기 때문에 점수에 신경 쓰지 않고 잘 칠 때에는 축하하고 잘못 칠 때는 곧 잊으면서 함께 즐기는 데에만 집중합니다."

− 신디와 제이슨, 버지니아에서

## 공통점 찾기

존과 사라는 나무 마루 전쟁을 치르고 난 후, 다시 서로에게 초점을 맞추어 살아가는 방법을 찾기 시작했다. 이 부부는 공통으로 가진 것이 무엇인지에 관해서 많은 이야기를 나눴다. 그들은 부부가 둘 다 좋아하는 것과 한 쪽만 좋아하는 것들의 목록을 만들었다.

### 사라의 취미 목록

* 여행: 박물관 관람, 공예, 문화, 연극
* 교회생활: 아이들 가르치기, 교회학교, 친교, 소그룹 모임
* 집: 건축, 보수, 접대
* 가정에 관한 모든 것
* 독서: 남부 작가들의 소설, 전기, 심리학
* 여흥: 연극 구경, 외식

### 존의 취미 목록

* 여행: 관광, 역사적 명승지
* 집: 미(美), 안락함
* 골프: 어디서나
* 일: 환자 진료, 투자
* 교회생활: 친교, 자선, 선교
* 독서: 스포츠, 철학, 금융관리

둘이서 공통으로 좋아하는 취미를 찾아보았더니 처음에는 근사한 식

당에 가서 저녁을 먹는 것 밖에는 없었다. 더 머리를 맞대고 짜내자 다음과 같은 공통 취미 목록을 만들어낼 수 있었다.

* 외식
* 함께 산책 하는 것
* 골프를 치지 않는 여행
* 교육적인 세미나 참석
* 여흥: 연극, 뮤지컬, 쇼핑
* 교회생활: 성경 공부
* 부동산, 주택 수리

이처럼 목록을 만들고 나자 사라와 존은 그들이 공통으로 즐길 수 있는 취미가 꽤 있다는 것을 알게 되었다. 이 부부는 부부관계를 개선하는 좋은 방법은 함께 즐길 수 있는 취미를 개발하는 것이라고 말한다. 아이들 중심으로 살아오던 삶을 부부 중심으로 바꾸는 일은 그렇게 쉽지 않다. 존과 사라 부부도 그 일이 매우 어렵긴 했지만 마침내 해낼 수 있었다. 물론 여러분들에게도 쉬운 일은 아니겠지만 빈 둥우리 부부들이 친밀함을 다시 회복하고 부부관계를 개선하는 가장 좋은 비결임을 잊어서는 안 된다.

남은 생에 부부가 가장 친밀한 친구로 살아가기 위해서는 바로 지금 시간을 내서 서로를 중심으로 살아가는 방법을 익혀야 한다. 부부생활 세미나나 강의를 들어야 하는 시기도 지금이다. 잠깐만 생각해봐도 알 수 있다. 여러분은 아이들을 더 이상 돌보지 않아도 되고 외출하는 동안 아이들끼리만 파티를 하도록 놓아두어야 하는지에 대해 고민할 일도 없다. 서로에게만 모든 관심을 집중함으로써 다시 커플로 돌아갔음을 마음껏 축하하고 즐길 수 있어야 한다. 같은 배우자이지만 새롭고 더 신나는 부부생활을 즐길 수 있다.

이제 두 번째 데이트를 시작한다. 데이트 길잡이의 두 번째 데이트를 펴고서 부모 역할을 멀리 떠나보내고 둘이서만 다시 살아가기 위해 함께 즐길 수 있는 취미 생활에 대해 즐거운 대화를 시작하자.

세 번째 데이트

# 친밀한
# 대화 회복

**아이들이 집을 떠나면** 모든 것이 변한다. 아이들을 돌볼 때 효과적으로 사용하던 의사소통 기술은 더 이상 쓸모없다. 전화 음성 편지함에서 뚜뚜 소리가 들릴 때까지 긴 메시지를 남길 일도 없고 부엌 냉장고 문에 노트를 붙여놓을 일도 없다. 대화를 할 수 있는 시간은 훨씬 많아졌는데 함께 나눌 이야기가 별로 없다. 옛날에는 아이들의 학교 이야기나 아이들이 최근에 겪고 있는 위기들에 관한 이야기만 해도 끝이 없었다. 때문에 부부 사이의 민감한 문제들은 덮어두고 넘어갈 수 있었다. 아이들이 완충 작용을 해주는 동안에는 회피할 수 있던 예민한 문제들이 표면으로 떠오른다. 이제까지 아무 문제없이 사용하던 의사소통 기술이 갑자기 효능을 잃기 시작한다. 한 번도 제대로 작동하지 않았던 것 같은 생각마저 든다. 아이들을 돌보는 동안 자신도 모르는 사이에 건강하지 않은 의사소통 방법에 길이 든 것이다. 아이들이 떠나자 그처럼 잘못 길들인 습관이 문제를 만들기 시작한다. 이제는 그와 같은 습관으로부터 벗어나려 해도 어떻게 해야 할지 몰라 당황한다. 찰리의 사례를 살펴보자.

엘리엇과 린다는 막내 아이가 대학에 가고 난 후 호숫가의 집으로 이사를 했다. 보다 느긋한 삶을 즐기기 위해서 이 부부는 그동안 꿈꿔오던 보트 선착장이 달린 집을 찾아내자마자 바로 계약을 하고서 다음 달에 이사를 마쳤다. 이 부부는 새 집에 곧 적응했다. 그러나 그들이 키우던 개 찰리에게는 문제가 생겼다. 12살 난 사냥개 찰리는 오래 동안 익혀온 생활방법이 있었다. 그래서 이사 때문에 찰리는 큰 혼란을 겪었다. 찰리는 이사 온 집이 싫어서 집 주위를 계속 돌기만 했다. 너무나 빙빙 돌아서 잔디에 둥그런 길이 나버렸다. 웃음이 나는 이야기이지만 빈 둥우리 부부들에게도 똑같은 일이 일어나지 않는가? 이제까지 길들여온 습관에 얽매여 빠져나오지 못하는 것은 아닌가?

## 빈 둥우리 부부들의 잘못된 세 가지 의사소통 습관

빈 둥우리 부부는 대부분 다음의 세 가지 잘못된 의사소통 습관 중 하나를 가진다. 물론 이 외에도 많겠지만 아이들이 떠나면 이 세 가지가 더욱 두드러진다.

### 추궁하고 회피하는 관계

신혼 시절부터 에밀리와 헥터는 풀기 힘든 문제가 있었다. 이 부부의 대화 주제인 교육, 직업 계획, 자녀 양육, 시댁이나 처갓집 식구들과의 관계 등과 같은 중요한 문제들로부터 설거지나 쓰레기 비우기와 같은 사소한 일에 이르기까지 모두 해당되었다. 그 어떤 대화이든 에밀리는 추궁하는 쪽, 헥터는 회피하는 쪽이었다. 이 부부는 빈 둥우리 시기에 들어서자마자 그와 같은 의사소통 관계가 비생산적임을 깨달았다.

에밀리가 헥터에게 물었다.

"지출이 수입보다 많아지기 시작했어요. 이야기 좀 해야겠는데 언제가 좋을까요?"

헥터가 대답했다.

"조금만 기다려줘. 이 이메일 회신 좀 보내고 나서."

에밀리가 목소리를 높였다.

"안돼요. 벌써 열 번이나 이 이야기를 꺼냈는데 아직도 못하고 있어요."

헥터가 달래듯 말했다.

"설마 그렇게까지. 아무튼 지금은 좋은 시간이 아냐."

헥터는 항상 지금은 이야기하기에 좋은 시간이 아니었고, 에밀리는 바로 지금이 헥터에게 말을 시킬 수 있는 가장 좋은 시간이었다. 에밀리가 말을 걸면 걸수록 헥터는 피하려고 했다. 헥터는 돈 문제에 대한 이야기가 가장 싫었다. 어려서부터 헥터의 가정은 말다툼을 될 수 있는 한 피했다. 헥터는 대화 중에 감정이 격해지는 것이 싫었다. 반대로 에밀리 가정은 무엇이든 다 내놓고 얘기하는 편이었다. 그녀는 항상 그 무엇이라도 이야기를 나눌 준비가 되어 있었다. 에밀리는 자신의 감정에 관해서 자유롭게 이야기했고, 헥터가 반응을 안 하면 어떤 방법으로든 자신의 감정을 헥터에게 알렸다. 헥터의 반응은 늘 같았다. 에밀리의 말에 귀를 막고 자기 자신의 세계로 도망가 숨어버렸다. 그들은 쫓고 숨는 의사소통 관계에 완전히 길들여졌다.

### 회피하고 회피하는 관계

우리 부부는 오스트리아에 살 때 바이올렛과 토마스 부부를 만났다. 이 부부는 서로 정 반대였다. 토마스는 외향적이었고 카리스마가 넘쳤으며 처음 만난 사람하고도 금방 친해졌다. 바이올렛은 조용했고 매우 수줍어했다. 토마스는 어떤 비영리 자선 기관의 이사였으며, 업무로 늘 여행을 다녀야 했다. 바이올렛은 독립 편집자였다. 이 부부의 공통점은 명랑한 세 딸뿐이었다.

우리 부부가 이 부부와 함께 시간을 보낼 때면 그들은 서로 너무 공손했고 말이 없었다. 부부라는 생각이 들지 않을 정도였다. 부부가 서로 딴 세상에서 사는 것처럼 보였다. 이 부부는 큰 긴장이나 갈등이 없어보였다.

어떤 갈등-회피형 부부는 정서적인 관계에는 거리를 두면서도 일할 때는 손발이 척척 맞는 경우가 있다. 직업이나 그 밖의 활동을 중심으로 살고 거기에 모든 시간을 투자하기 때문에 개인적인 관계는 관심을 가질 시간이 없다.

### 추궁하고 추궁하는 관계

킴벌리와 사이먼은 함께 있기만 하면 큰 소리로 다툰다. 그들이 같이 있는지 없는지는 금방 알 수 있다. 그들은 끊임없이 서로에게 말을 한다. 꼬리에 꼬리를 물고 폭발이 계속되는 불꽃놀이처럼 논쟁은 끝이 없다. 그들과 함께 있으면 심심하지는 않다. 그래서 친구들도 많다. 그들 둘만 있으면 그 어떤 일에도 마음이 일치하지 않는다. 집에서는 항상 전쟁이다. 그들의 결혼생활 전반기는 그렇게 싸우면서도 그럭저럭 보낼 수 있었다. 두 아들이 대학에 가자마자 킴벌리가 집을 나왔다. 하지만 아직 서로 연락은 한다. 사이먼은 그들 부부가 결국은 합칠 것이라고 말한다.

만일 여러분이 이 부부처럼 둘 다 추궁하는 유형이라면 서로를 공격하지 않는 방법으로 자신의 감정을 나누는 의사소통 기술을 터득하는 것이 좋다(이 기술에 관해서는 뒤에서 자세히 다룰 것이다.). 아이들이 떠나면 서로 더 부딪치고 더 자주 싸울 것이다. 이 장에서 우리는 서로 쫓지 않으면서 더 친밀하게 대화하는 방법을 알아볼 것이다.

## 이제까지 해오던 방법으로부터 벗어나려면

이제까지 소개한 의사소통 방법 중 하나가 자신과 닮지 않았는가? 만약 그렇다면 이와 같은 의사소통 방법으로부터 벗어나려면 어떻게 해야 할지 궁금할 것이다. 비생산적인 의사소통 관계에 사로잡히는 이유는 자신의 생각, 감정, 욕구를 방어하고 자신의 약점을 숨기기 위한 방편일 수 있다. 그렇다면 점점 더 깊이 빠져 들어가 헤어나기 힘들다.

이와 같은 의사소통 관계로부터 빠져나오려면 먼저 그와 같은 관계를 인정하는 것이 중요하다. 여러분은 어떤 의사소통 유형에 속하는가? 회피하거나 물러서는가? 추궁하면서 쫓는가? 자신의 기본적인 성격은 어떤 편인가?

우리는 자신의 기본적인 성격을 변화시킬 수는 없으나 어느 정도 완화시킬 수는 있다. 자신의 부정적인 성향을 약화시키고 보다 친근한 대화를 하기 위해서 다음과 같은 노력을 해보자.

### 긍정적인 면을 보자

대화가 자꾸 논쟁으로 변하는 성향을 가진다면 두 사람이 불일치하는 면보다 일치하는 점을 찾아야 한다. 어떤 사람들은 자신도 모르는 사이에 상대방의 단점부터 찾고 의견이 다른 부분만 찾으려 든다.

### 말하기 전에 생각하자

항상 옳기를 원하는가? 다른 사람들의 틀린 점을 고쳐주기를 즐기는가? 말을 시작하기 전에 자신의 생각을 살펴라. 잊지 말 것은 여러분이 외향성이라면 생각하기 전에 혀부터 움직이고 있을 것이다.

### 상대방의 견해를 이해한다

상대방의 견해에 동의하지 않더라도 그의 생각을 이해할 수는 있다. 예를 들어서 이런 식으로 말할 수 있다.

"우리 엄마가 왔다가신지 얼마 안 되서 또 오신다니까 반갑지 않으리라는 것을 이해해요. 그러나 내 동생들이 협조하지 않는 한 다른 방법은 없는 것 같아요. 어떻게 생각해요?"

### 배우자에게 향한다

여러분은 지금 빈 둥우리에 단 둘이 있다. 서로에게 초점을 맞추지 않으면 안 된다. 함께 흥미 있게 이야기할 수 있는 공동의 관심사와 취미를 찾아내려 계속 노력하자.

### 부정적인 습관으로부터 벗어나자

긍정적이기를 원하지만 부정적인 태도가 몸에 배었다면 '자신에게 적극적인 태도로 생각하자.' 라고 소리친다고 변하지는 않는다. 피해야 할 부정적인 습관에는 다음과 같은 것들이 있다.

### 배우자를 깔보는 태도를 버리자

상대방을 깔보는 태도보다 더 부정적인 습관은 없다. 아무도 무시당하고 싶은 사람은 없다.

"머리 좀 쓰지? 어떻게 그런 생각을 할 수 있어?"

자신의 감정이나 생각을 조롱당하고 싶은 사람도 없다.

"상관이 잔소리 좀 했다고 해서 당신처럼 그렇게 성을 내는 사람이 어디 있겠어요? 그런 감정은 너무 미숙해요."

이런 깔보는 태도는 무조건 피해야 한다. 직접적이든 간접적이든 무시당하면 상처받는다.

## 잘못된 전제를 버리자

잘못된 전제로부터 시작해서 짐작을 거듭하면 부정적인 결론에 도달하기 쉽다. 근거 없이 상대를 비난하게 된다.

"당신이 늦은 것은 오로지 나를 화나게 하려고 그런 것이 틀림없어요. 나를 사랑한다면 약속시간보다 빨리 왔으면 왔지 늦을 리가 없잖아요?"

배우자는 이렇게 대답할 것이다.

"바로 앞에서 난 교통사고 때문에 늦었는데도 걱정이 안 되나보지? 당신은 내가 교통사고를 당했다면 얼씨구나 할 사람이군."

말대꾸가 악순환을 거듭하면 걷잡을 수 없을 정도로 말다툼이 커진다. 분노와 부정적인 에너지가 쌓인다. 결국 해서는 안 될 말까지 터져 나온다. 회복하기 힘든 상처를 주고받는다.

## 돌담 쌓기와 범람

대부분의 경우 남편은 아내의 말을 듣지 않고 회피하려 한다. 반면 아내는 민감한 문제에 관한 부정적인 말도 어렵지 않게 꺼내고 끊임없이 퍼부어서 남편을 밀어붙이려 한다.

워싱턴 대학교에서 결혼생활에 관한 연구조사를 하는 존 고트만 박사는 상대방에게 모든 감정을 퍼붓는 과정을 지칭하기 위해 범람이라는 용어를 만들었다. 한 배우자가 다른 배우자에게 부정적인 감정들을 일방적으로 너무 많이 퍼부으면 상대방은 시스템에 과부하가 걸린 느낌(범람당한 느낌)에 사로잡힌다. 이때는 상대방의 부정적인 공격에 압도당해 방어적, 공격적이 되거나 뒤로 물러나서 껍질 속으로 숨으려 한다.

고트만 박사에 의하면 우리 내부에는 대화 중에 부정적인 감정이 얼마나 쌓이는지를 측정하는 계기판이 있다고 한다. 범람당하기 전에 상대방의 부정적인 공격을 얼마나 견딜 수 있는가 하는 것은 타고난 성격과 현재 얼마나 큰 스트레스를 받느냐에 달렸다. 남자도 여자도 모두 감정의 범람을 당할 수 있다. 고트만 박사에 의하면 남자가 여자보다도 훨씬 쉽게 감정의 범람을 당하며 대부분의 남편들이 돌담 쌓기 반응에 의존한다고 한다.

감정의 범람을 당할 경우 어떤 느낌을 갖는가? 이때는 '오해받고 있다.' 또는 '불공평한 공격을 받는다.'는 생각에 억울함과 격앙된 분노를 느낀다. 고트만 박사에 의하면 이때 신체적인 증상도 동반한다. 숨을 쉬지 않고 멈추는 경향으로 호흡곤란을 느낀다. 논쟁 중에 숨쉬기가 답답했던 경험은 누구나 갖는다. 온 몸의 근육이 긴장하고 맥박이 빨라진다. 이때 간절히 원하는 것은 긴장의 이완이다.

남자는 회피하고 여자는 공격하는 부부관계 패턴은 존-그레이가 처음으로 소개해서 널리 알려진 화성-금성 도식과 비슷하다. 존-그레이가 쓴 『화성에서 온 남자 금성에서 온 여자(Men Are From Mars; Women Are From Venus)』는 남자와 여자의 차이를 이해하기 쉽게 설명하여 많은 부부에게 큰 도움을 주었다. 남자와 여자의 이와 같은 차이를 이해하는 것도 필요하지만 우리 문화가 유아시절부터 이러한 차이를 어떻게 조장하는지를 아는 것도 중요하다.

고트만 박사는 다음과 같이 이야기한다.

"어렸을 때부터 여자들은 감정을 폭넓고 자유스럽게 표현하는 법을 배운다. 반면 남자들은 감정을 억누르도록 교육받는다. 남자들은 감정을 겉으로 드러내는 것을 불안정하고 유약한 성격과 동일시한다. 어려서부터 말보다는 행동으로 표현하도록 배웠기 때문이다. 이에 반해서 여자들은 모든 종류의 감정들을 말로 자유롭게 표현하도록 교육받는다."

고트만 박사에 의하면 부부의 의사소통 방법이 다른 이유를 이런 심리적 차이뿐 아니라 신체적인 차이에서도 지적한다.

"남편과 아내가 왜 서로 상대방의 욕구를 그렇게 자주 지나쳐버리는지를 완전히 이해하기 위해서는 어려서부터 정서적인 갈등에 다르게 반응하도록 신체적으로 다르게 프로그램 되었다는 사실을 알아야 한다."

고트만 박사의 연구에 의하면 갈등이나 정서적 스트레스를 겪는 동안 남편들은 아내들보다 혈압과 맥박 수가 훨씬 더 증가하는 것을 발견했다. 스트레스에 대한 신체의 반응을 조절하는 자율신경계통도 남자가 더 예민하다. 남자들은 생리적으로 스트레스에 더 민감하다. 때문에 껍질 속으로 숨거나 거리를 두어 자신을 보호하려는 경향이 있다고 한다.

## 독심술

우리는 상대방의 마음을 어렵지 않게 알 수 있다고 생각한다. 상대방이 무슨 생각을 하는지 직감적으로 안다고 판단하기 때문이다. 말로 묻는 대신 우리의 잘난 독심술이 알려주는 정보에 의존해 행동부터 한다. 그러나 우리는 항상 최악의 생각을 사실로 여기는 버릇이 있다. 전혀 잘못된 가정을 전제로 결론을 내린 후 보복을 가하려고 잔뜩 벼른다. 이제부터는 독심술을 사용한다는 생각이 들 때마다 당장 멈춰라. 상대방의 숨은 의도가 무엇인지 무슨 생각을 하는지에 대해 정확히 아는가를 자신에게 먼저 물어야 한다. 물론 대답은 '아니다.' 이다. 잘 모르겠다면 반드시 물어야 한다. 빈 칸을 혼자서 채우려 하면 안 된다.

## 싸울 거리

우리 부부에게 독심술의 좋은 예가 될 수 있는 이야기가 있다. 어느 해인가 12월, 우리 부부는 오스트리아 알프스 산속에 있는 오두막에서 2주 동안 휴가를 보냈다. 우리는 마음껏 잠을 잤고 눈 덮인 산길을 따라 산책을 했으며 벽난로를 피워놓고 앞에 앉아서 긴 대화를 나눴다. 음식을 만들어 발갛게 타오르는 장작을 바라보며 먹었다. 이때는 체중조절보다는 우리 가계부가 **빠듯해** 식비도 아껴야 할 때였다. 그래서 우리는 외식을 할 때 한 사람은 정식 주문을 하고 한 사람은 가볍게 먹는 요리를 시켜 함께 나눠먹기로 약속했다.

어느 날 저녁, 우리 부부는 타이롤리안 식당에서 식사를 했다. 우리는 메뉴를 보면서 이야기했다. 내가(클라우디아) 말을 꺼냈다.

"오, 이거 봐요. 오리 요리가 있네요."

오리 요리는 내가 가장 좋아하는 음식이었다. 그러나 너무 비싸서 주문하기를 포기하고 다른 음식을 찾기 시작했다. 그런데 데이브가 오리요리를 주문했다. 나는 놀랐다. 나를 위해 주문해주다니 얼마나 다정한가? 그래서 나는 비싸지 않으면서도 오리 요리와 어울리는 감자 찜 요리를 시켰다.

오리 요리가 도착하자 데이브는 먹기 시작했다. 그런데 그는 나누어주려 하지 않았다. 절반을 주겠다는 말도 없었다. 그는 비싼 요리와 싼 요리를 시켜서 함께 나눠먹자는 약속을 까맣게 잊은 채였다. 내가 기분이 상했는데도 그는 이유를 짐작하지 못했다. 무슨 일 때문인지는 몰라도 내 마음이 많이 안 좋구나 생각했을 뿐이다.

"클라우디아, 무슨 일 있어?"

"데이브, 오리 고기 좀 나눠줄래요?"

나는 데이브가 오리를 반으로 잘라서 절반을 줄 거라 기대했다. 그는 한 조각을 떼어서 줄 뿐이었다.

"그거 밖에 안 줄 거예요?"

"응. 이 오리는 고기가 별로 없어."

"이 감자 찜 좀 나눠줄까요?"

"아니. 오리만 먹어도 돼."

데이브는 아직도 그 약속을 기억해내지 못했다.

즐거워야 할 저녁 식사 분위기가 갑자기 싸늘해졌다. 그 이유는? 데이브가 오리 요리를 주문한 것은 내가 오리를 좋아하니까 절반씩 나눠먹으려고 시킨 것인 줄로 믿었기 때문이다. 그런데 그가 나눠먹으려 하지 않자 곧바로 나는 그가 이기적이고 배려할 줄 모른다고 생각했다. 물론 데이브는 비싼 요리와 싼 요리를 시켜서 함께 나눠먹자는 약속을 잊어버려서 자기가 시킨 요리를 다 먹은 것뿐이다.

다행히도 저녁을 다 먹기 전에 우리는 오해를 풀었다. 내가 먼저 입을 열어서 왜 마음이 상했는지 말했다. 데이브가 요리를 나눠먹기로 한 약속을 기억나게 해줬다. 물론 데이브는 사과를 했고 나는 용서했다. 그리고 그 기념으로 덴마크 아이스크림을 후식으로 시켜서 나눠먹었다. 그리고 앞으로는 서투른 독심술은 그만 사용하고 마음에 있는 생각을 솔직하게 이야기하기로 약속했다.

### 친밀한 대화를 회복하자

자신의 성격 중에 긍정적인 부분을 살리고 부정적인 부분을 순화시키다 보면 부정적인 의사소통 습관에서 벗어날 수 있다. 그러나 그것으로 충분하지 않다. 친밀한 대화를 다시 회복하기 위해서는 입력회로(듣기)와 출력회로(말하기), 즉 양면 접근 방법이 필요하다.

## 입력회로 -듣기

듣기란 왜 그렇게 어려울까? 때때로 우리는 이미 뭐라고 대답할지 생각해 놓고 듣는 척한다. 때문에 듣지 않는다. 어떤 때는 듣고 있다고 생각하는데도 진정한 메시지를 놓치기도 한다.

### 전체적인 메시지는 무엇인가?

우리는 배우자가 하는 말을 들으면서도 의도와 전혀 다른 뜻으로 해석할 때가 있다. 이유는 전체적인 메시지를 놓치기 때문이다. 코닥 회사에서 실시한 한 연구에 의하면 입으로 하는 말은 전체적인 메시지의 7퍼센트만 전달한다고 한다. 전체적인 메시지의 55퍼센트는 비언어적 수단, 즉 눈과 신체언어를 통해서 전달된다. 나머지 38퍼센트는 어조를 통해서 전달된다. 사용하는 단어는 전달하고자 하는 메시지에 적절할지 모르지만 분노, 짜증, 섭섭함 등 깔려있는 감정들이 어조를 통해서 묻어나올 경우 입으로 하는 말과는 전혀 다른 메시지가 된다.

    예를 들어보자.
    전화가 울리자 캐서린이 수화기를 든다.
    남편 브렌트의 목소리다.

"잘 있었어? 여보, 나 오늘도 늦게까지 근무해야 할 것 같아. 기다리지 말고 먼저 저녁 먹어."

캐서린이 대답한다.

"괜찮아요. 당신 저녁은 전자레인지에 넣어둘 테니까 오거든 데워서 먹어요."

캐서린은 수화기를 내려놓는다. 화가 나 있다. 오늘도 늦겠다고 한 남편의 말은 절대로 괜찮지 않다. 막내 아이가 집을 떠난 후부터 남편은 사무실에 밤늦게까지 있어야 할 이유를 갈수록 더 많이 찾는다. 오늘 저녁은 그토록 절실하게 둘만의 시간을 가져보려 했는데 또 무산되었다.

브렌트가 밤늦게 드디어 집에 돌아왔을 때 그는 아내가 왜 그렇게 냉랭하게 대하는지 알 수 없다. 늦게까지 열심히 일하는데도 고생한다는 생각도 못하는 모양이다. 브렌트는 너무 지쳐 물어볼 힘도 없어 그냥 잠자리에 들고 만다.

그들은 서로 속마음을 털어놓고 이야기할 기회를 놓쳤다. 그런 밤은 친밀한 대화가 이루어지지 않는다.

**여과 장치를 조심하자**

배우자에게 말로 한 이야기와 배우자가 들은 내용이 서로 매우 다른 경험을 해본 적이 있는가? 배우자에게 한 말이 그대로 전달되지 않을 때는 마음이 답답하다. 아마도 여과 장치 문제이다. 여과 장치는 통과되는 것을 통제한다. 여과 장치는 듣는 과정에 영향을 미쳐 실제의 메시지와 감정을 왜곡시킨다. 여과장치는 특히 빈 둥우리 부부에게 큰 문제가 된다. 십 수 년 동안 억눌러왔던 분노가 배우자들이 사물을 보는 관점에 큰 영향을 미쳤을 가능성이 높기 때문이다. 아이들이 모두 떠난 후에 의사소통이 더 어려워지는 것은 놀라운 일이 아니다. 이제 상대방이 하는 말을 액면 그대로 받아들이지 못하게 하는 몇 가지 여과 장치들을 『빈 둥우리 부부되기(Empty Nesting)』에서 발췌하여 소개한다. 이 여과 장치들을 자신의 내부에서 찾아내어 인정하면 배우자가 하려는 말에 과민한 반응을 하는 일 없이 있는 그대로 받아들일 수 있을 것이다. 이제부터 자신이 어떤 여과 장치를 자신도 모르는 사이에 사용했는지 알아보자.

부부들이 자주 사용하는 첫 번째 여과 장치는 주의 산만이다. 라디오 소리가 크게 울리는 가운데 심각한 이야기를 나누려 하든지 컴퓨터 화면에 빠져 있는 배우자에게 자신의 의견을 알리려 해본 적이 있는가? 아니면 주의가 산만한 쪽이 여러분일 수도 있다. 손자손녀들이 이리저리 뛰어다니거나 또는 텔레비전 뉴스에 귀를 기울이는 중에 배우자가 말을 걸어올 수도 있다. 이와 같은 경우 배우자가 하는 말은 한 귀로 들어와서 다른 귀로 나간다. 주위가 너무 산만해서 배우자의 말이 제대로 들리지 않을 때는 이렇게 말하는 것이 좋다.

"지금은 정신이 없어서 뭐라고 하는지 잘 들리지 않아요. 매우 중요한 문제 같으니까 나도 자세히 이야기를 나누고 싶어요. 시간이 나는 대로 다시 이야기하는 것이 좋겠어요."

두 번째 여과 장치는 정서적인 상태이다. 기분이 나쁠 수 있다. 피곤하거나 아무 것도 하기 싫을 때도 있다. 대화를 나눌 수 있는 상태인지 아닌지 자신을 먼저 살핀다. 정서적인 상태가 부정적인 경우에는 배우자가 하는 말을 부정적으로 해석할 가능성이 높다. 자신도 모르는 사이에 부부가 둘 다 부정적인 상태에 있을 수 있다. 때문에 자신의 기분이 부정적일 때는 배우자에게 그 사실을 알리는 것이 좋다. 배우자도 그걸 알면 필요 이상으로 방어적이 되거나 과민한 반응을 하는 일 없이 여러분의 기분을 참작해서 들을 것이다.

세 번째 여과 장치는 신념과 기대이다. 기대는 자신의 인식뿐 아니라 상대방의 행동에도 영향을 준다. 브렌트가 전화해서 오늘 저녁 식사 시간에 맞춰서 돌아올 수 없다고 이야기했을 때, 캐서린은 남편이 자기와 함께 집에서 보내는 시간이 싫어서 밤늦게까지 일하려 한다고 믿었다. 브렌트는 집에 돌아왔을 때 너무 지쳤고, 그렇게 늦게까지 일해야만 하는 자신을 아내가 이해해주기를 바랐다. 아내가 냉랭하게 대하자 브렌트는 자신의 고생도 몰라준다고 생각했다. 브렌트는 아내와 대화를 해보려고도 하지 않았다. 그냥 잠자리에 들었다. 그들은 서로에 대한 기대에 관해서 말을 하고 상대가 자기에게 무엇을 바라는지 확인할 필요가 있었다.

소개하고 싶은 네 번째 여과장치는 스타일의 차이이다. 우리들은 배경이 서로 다른 가정에서 자랐다. 그 영향은 결혼 후에도 지속된다. 캐서린의 아버지는 5시만 되면 집에 왔다. 이에 반해 브렌트의 아버지는 매일 12시간씩 일했으며 8시가 되기 전에는 집에 돌아온 적이 거의 없었다. 성별, 문화, 성격 차이 등은 의사소통에 많은 영향을 미친다.

여러분은 어떤 여과장치를 주로 쓰는가? 자신이 쓰는 여과장치를 바로 인식한다면 오해를 줄이고 배우자가 하는 말을 그대로 들을 수 있다. 그러기 위해서는 먼저 집중해서 듣는 연습을 해야 한다.

## 집중해서 듣자

최근에 가족들과 함께 바닷가로 놀러간 적이 있다. 그때 우리는 즉석에서 알프 가족 앨범을 만들기로 결정했다. 우리는 너나 나나 모두 부지런히 사진을 찍어대기 시작했다. 휴가를 마치고 집으로 돌아와서 디지털 사진들을 모두 모아 CD에 저장했다. 모아 놓은 사진들을 하나씩 검토하면서 보았다. 어떤 사진은 선명하고 예쁘게 잘 찍었는데 어떤 사진은 흐릿해서 보기 싫었다. 왜 이런 차이가 생겼을까? 작은 부주의 때문이다. 디지털 카메라는 셔터를 누르기 전에 초점을 정확히 잡을 수 있도록 몇 초 동안 기다려야 한다. 사진이 흐릿하게 나온 것은 그 시간을 기다리지 않았기 때문이다. 디지털 카메라가 초점을 맞출 틈을 주지 않고 마구 셔터를 눌러댔기 때문에 쓸모없는 사진들을 얻었다.

우리가 상대의 말을 듣는 것도 마찬가지이다. 우리는 말을 들을 때 늘 급하다. 상대방의 말에 귀를 기울여 생각의 초점을 거기에 맞출 수 있도록 충분히 기다리지 않는다. 그래서 의사소통이 매우 흐릿해지고 불투명해지고 오해가 쌓인다. 시간을 내서 마음의 초점을 맞추고 난 후 상대방의 말에 귀 기울여 듣는다면 보다 분명하고 정확하게 이해할 수 있다. 그래야만 우리가 들었다고 생각한 흐릿한 메시지가 아닌 정확한 메시지에 대해 올바른 반응을 할 수 있다. 이제부터는 초점을 맞추는 장치가 우리 내부에 있다고 생각하고 상대방의 말을 들을 때에는 항상 그 장치를 사용하기 바란다. 셔터를 누르기 전에 여유를 가져야 한다는 말이다.

귀에 들리는 단어뿐만 아니라 어조, 얼굴 표정, 신체언어와 같은 비언어적 신호에도 초점을 맞춰야 한다. 끝으로 입을 꼭 다문 채 상대의 말을 어떻게 반박할까 생각하거나 어떻게든 말을 끊고 들어가려 벼르는 태도를 버려야 한다. 그 후에야 잘 들을 수 있다는 사실을 잊지 말자.

## 출력 회로
## - 말하기

의사소통을 잘하기 위해서는 '듣기' 못지않게 '말하기'도 중요하다. 어떻게 말을 해야 상대가 그대로 듣고 전달하려는 의미를 정확하게 이해할까? 친밀한 대화를 개발하는 데에 필요한 네 가지 방법을 소개한다.

**자신의 감정을 긍정적인 방법으로 표현한다**
부부가 자신의 감정을 솔직하게 전달하는 방법을 익히지 못하면 친밀한 대화를 나누기 힘들다. 우리 부부가 인도하는 〈부부 사랑 살리기 세미나〉에서는 감정을 긍정적인 방법으로 나누는 간단한 공식을 가르치고 있다.

"내 기분이 어떤지 말할게요. 당신이 자동 온도조절기를 낮춰놔서 한밤중에 벌벌 떨며 일어날 때에는 짜증이 나요." 이렇게 표현하는 것이 "당신은 이기주의자에다 성격마저 이상해요. 나를 얼려 죽일 셈이에요? 아니면 나가서 잘까요?" 라고 말하는 것보다는 훨씬 낫다.

이에 대한 대답도 똑같은 공식을 사용해서 이야기한다. 예를 들어서 다음과 같이 대답한다.

"내 기분이 어떤지 말할게요. 너무 더워서 한밤중에 일어나 더 이상 잠을 못 이루면 정말 못 견디겠어요."

일단 서로의 감정을 알면 해결책은 나온다.

"당신이 담요를 더 덥고 자면 당신도 안 춥고 나도 시원해서 둘 다 좋지 않을까?"

최근에 한 세미나에서 참석자가 이렇게 불평하는 것을 들었다.

"이 공식은 나에게는 맞지 않아요. 게다가 거짓말처럼 부자연스럽게 들려요."

여러분도 그렇게 느낄 수 있다. 우리 부부도 이 공식대로 말하는 것이 무척 어려웠다. 명확한 의사소통에는 노력이 필요하다. 내가 어떻게 느끼는지 상대에게 정확하게 전달하기란 쉬운 일이 아니다. 게다가 속마음을 털어놓으면 상대가 그걸 어떻게 이용할지 몰라 더 주저한다.

감정을 솔직하게 나누는 공식은 데이브보다 내가(클라우디아) 더 쉽게 익혔다. 데이브에게 나의 감정을 이야기하면 그는 이렇게 대답했다.

"왜 그렇게 느끼는 거야. 참 이상하네. 정신이 똑바로 박혀 있다면 그렇게 느끼지는 않을 거야!"

데이브는 우리가 느끼는 모든 감정에 대해서 옳다, 그르다는 판단을 내지 말아야 한다는 것을 알아야 했다. 데이브도 상대방의 감정을 이해하는 것이 원활한 의사소통을 위해 필요하다는 것은 이미 알고 있었다. 때문에 그걸 깨닫는 것이 그렇게 어렵지는 않았다. 위와 같은 감정 표현 공식을 사용해서 자신의 느낌을 이야기하면 상대를 서로 공격하기보다 문제 자체와 싸워서 해결책을 보다 쉽게 발견할 수 있다. 여러분도 앞으로 부정적인 감정들을 배우자에게 퍼붓고 싶은 충동을 느낀다면 감정 표현 공식을 사용하여 긍정적으로 이야기하기 바란다. 다음과 같은 예를 참고로 하자.

1. 부부가 텔레비전 리모컨 때문에 싸운다.
"누가 당신 마음대로 리모컨을 이리저리 돌려도 된다고 했어요?"
보다는 이렇게 말하는 것이 좋다.
"당신이 내게 물어보지도 않고 채널을 이리저리 돌릴 때마다 무슨 느낌인지 알아요? 나는 당신에게 아무런 존재도 아닌 것처럼 느껴져요."
2. 돈 이야기를 하다가 대화가 험악하게 돌아간다.
"카메라를 새로 사느라고 당신이 얼마나 쓴지 알아요? 당신 미쳤어요? 도대체 무슨 생각을 하고 사는 거예요? 다음 달에 내야할 학교 등록금은 까마득히 잊어버린 거예요?"

이처럼 말하는 대신에 다음과 같이 말하는 것이 좋다.

"네 번으로 나눠 내는 등록금 내야할 날이 다음 달이면 또 찾아오는데 우리 돈을 어떻게 관리해야 할지 걱정이에요. 그런데도 그렇게 비싼 카메라를 산 이유가 뭔지 이야기 좀 해볼래요?"

건전하고 원만한 대화를 위해서는 부정적인 감정들을 긍정적으로 표현하는 방법을 익혀야 한다. 또 서두르지 않고 서로의 말에 귀를 잘 기울여 듣는 것 역시 중요하다.

'내 기분'을 이야기한다. '당신은' 또는 '왜'라는 말로 시작하지 말자

'당신은' 또는 '왜'라는 단어로 말을 시작하면 상대방을 공격하기 쉽다. 될 수 있는 대로 이 두 단어로 말을 시작하는 것을 피하는 게 좋다. '나는' 또는 '내 기분은'으로 시작하면 보다 안전하게 대화할 수 있다. 무슨 이야기를 시작하려면 항상 자기 자신에 관해서 하기 바란다. 자신의 감정에 대한 책임을 자신이 기꺼이 지려 해야 한다. 상대에게 책임을 전가하거나 비난하려 해서는 안 된다. 다음의 예를 살펴보자.

'당신' 메시지: "당신은 너무 빨리 차를 몰아요."
'나' 메시지: "나는 당신이 커브를 너무 빨리 돌때마다 무서워 죽겠어요. 좀 천천히 가면 어때요?"

'당신' 메시지: "당신은 시간만 있으면 컴퓨터 앞에 붙어 있어요. 나는 당신에게 뭐예요?"
'나' 메시지: "나는 당신이 나와는 이야기도 안하고 컴퓨터 앞에 몇 시간이고 계속 앉아 있을 때마다 너무 외로워요."

### 상대방을 공격하거나 자신을 방어하는데 애쓰지 않기로 약속한다

우리 부부는 매우 간단한 계약에 동의했다. 우리는 대화할 때에 상대를 공격하거나 자신을 방어하는데 애쓰지 않기로 했다. 그 후 우리는 어떤 문제에 대한 자신의 솔직한 감정이나 생각을 두려움 없이 털어놓을 수 있었다.

예를 들자.

"도대체 왜 당신은 항상 설거지통에 그릇을 산더미처럼 쌓아놓는 거요? 우리 집이 쓰레기장인가요?"

이렇게 말하는 대신에 다음처럼 말하기를 바란다.

"우리 집을 깨끗하게 치우고 정돈하기 위한 계획을 짜야 할 것 같네요. 그릇들을 설거지통에 쌓지 않고 그릇 세척기에 집어넣는 당번을 정하는 건 어때요?"

### 부부가 함께 이야기하는 시간을 정기적으로 갖는다

매일 규칙적으로 서로의 속마음을 알아보는 깊은 대화의 시간을 갖기 바란다. 우리 부부는 함께 이른 아침을 먹고 전화가 부리나케 울리기 몇 분 전 그날 일과를 점검하는 데 사용한다. 이처럼 바쁜 시간에는 깊은 대화를 나눌 수가 없다.

금전 문제, 가사 분담, 많은 돈이 지불되는 물품 구매 같은 중요한 문제들은 매주(每週)마다 시간을 정해서 대화하는 것이 좋다. 토론할 만한 중요한 화제가 없다면 함께 이야기하는 즐거움을 위해서라도 따로 떼어놓은 그 시간을 사용하는 것이 좋다. 대부분 어떤 사건이 일어나면 그제야 그와 관련된 문제를 이야기한다. 예를 들어서 신용카드 청구서가 날아오면 신경이 날카로워진 상태에서 과용하는 습관에 관해 이야기를 시작한다. 결국 말다툼으로 발전하기 쉽다. 정기적인 대화 시간에 느긋한 마음으로 재정 문제를 다루면 훨씬 좋은 결론을 얻을 것이다.

**세 번째 데이트를 시작한다**
친밀한 대화를 개발하는 지름길은 없다. 친밀하고 깊은 관계를 조성해서 속 이야기를 마음 놓고 하려면 오랜 시간이 필요하다. 지금 당장 이 훈련을 시작해도 얼마 안 있어 여러분의 부부관계가 몰라보게 달라지는 것을 느낄 수 있다.

　서로 의견이 너무 달라서 도저히 합의에 이를 수 없는 경우도 있다. 이에 관해서는 다음 장에서 다룰 것이다.

이제 세 번째 데이트를 시작할 시간이다. 데이트 길잡이의 세 번째 데이트를 펴고 이야기를 함께 나누는 재미와 끊어진 관계를 회복하는 기쁨을 맛보기 바란다.

네 번째 데 이 트

# 대청소

**부부가 살다보면** 때때로 삶을 깨끗이 정리해야 할 때가 필요하다. 우리 부부는 너무 일을 많이 벌이거나 떠맡게 되면 손대지 못하고 미뤄두곤 했다. 빈 둥우리 시기에 들어간 부부들은 아이들 키우느라고 이제까지 미뤄왔던 긴급한 문제들을 꺼내서 해결해야 할 경우가 있다. 우리 부부는 지금도 문제들이 쌓여있을 때가 많다. 이제 우리 부부가 빈 둥우리 시기에 들어서자마자 겪은 경험담을 이야기하려고 한다. 이 장에서 무슨 문제를 다루려는지 알 수 있을 것이다.

어느 일요일 오후에 한가롭게 드라이브를 즐기다가 이 일이 벌어졌다. 우리 부부는 아이들이 다 떠나고 없으니 이제 집을 줄이자는 이야기를 해왔다. 우리가 살던 이층집은 추억이 여기저기 서려 있기는 하지만 손보아야 할 곳이 너무 많았다. 또 700평에 달하는 잔디밭을 가꾸는 일은 우리 부부에게는 벅찬 짐이었다. 그런데 드라이브를 하다가 아직 짓고 있는 단독형 콘도를 우연히 발견했다. 우리가 꿈꾸어오던 집이었다. 콘도였기 때문에 데이브는 잔디를 깎아야 할 필요가 없어서 마음에 들어 했다. 나는 거실과 부엌이 오픈 스타일이어서 밝은데다가 일층 거실이 넓어서 좋았다. 며칠 후에 우리는 계약서에 서명을 했다.

다음 날 아침에 부동산 회사 직원들이 와서 우리가 살던 집을 둘러보게 되어 있었다. 우리에게는 추억이 깃들어 있어서 너무나 소중한 집이었다. 하지만 그들에게는 단지 상품이므로 외양과 청결 상태만 체크할 것이 분명했다. 우리 부부는 아침부터 시작해서 밤늦게까지 쓸고 닦아 말끔하게 정리했다. 다음 날 우리는 전국 모임에 참석해서 강연을 하기로 되어 있어 아침 일찍 출발해야 했다. 나는(클라우디아) 잠자리에 들기 전에 깨끗하게 정리된 집안을 다시 한 번 둘러보았다. 우리가 하루 만에 이룩한 놀라운 성과를 대견해하며 여기저기 들여다보던 중에 세탁장 앞에서 발길이 멎었다. 깜빡 잊고 아직 빨지 않은 세탁물이 바닥에 쌓여 있었다. 나는 피곤하기도 하고 해서 숨겨두면 그만이라 생각하고 창고에 집어넣어버렸다.

강연에서 돌아오자마자 우리는 콘도의 타일과 카펫, 페인트 색깔, 벽지 등을 고르면서 이사 갈 준비를 시작했다. 그런데 몇 주 후에 데이브가 내게 물었다.

"여보, 내 카키색 반바지 못 봤어?"

그제야 나는 빨지 않고 창고에 쑤셔 넣었던 옷들이 생각났다. 급히 달려가 꺼내보니 모두 곰팡이가 슬어 있었다.

우리가 왜 빨지 않은 더러운 세탁물 이야기를 왜 하는가? 문제들을 해결하지 않고 숨겨두거나 미뤄두면 똑같은 일이 벌어지기 때문이다. 더욱 악화된다. 분노는 놓아두면 숨이 죽기는커녕 더욱 거세게 타오른다. 그런데도 우리는 다루어야 할 문제들이 쌓이고 쌓여도 그것을 묻어버리려 한다. 지금은 이야기를 해서 해결할 시간이 없다는 것이다. 그러다가 우리 부부의 세탁물처럼 어느 날 밤 피곤해서 스트레스가 잔뜩 쌓여 있는 시간에 문제들이 드러난다. 너무 바빠서 문제들을 창고 깊숙이 방치해 두었는데 거기에서는 썩어서 곰팡이가 슬고 있는 것이다. 아이들이 다 떠난 후 마음이 어느 정도 한가해지면 그 틈을 타서 이제까지 묻혀있던 문제들이 다시 표면으로 떠오른다. 코를 싸매야 할 정도로 지독한 곰팡이 냄새를 피우는 것이다. 빈 둥우리 시기에 들어선 부부들이 걸핏하면 화부터 내는 것은 당연한 일이다.

## 이혼의 벼랑 끝에서

좌절과 실망이 깊어지면 어떤 빈 둥우리 부부들은 이혼을 생각한다. 우리 부부의 오랜 친구인 비비안과 라손이 빈 둥우리 시기에 드러난 문제들을 마음 놓고 솔직하게 이야기하고 있을 때 우리도 그 자리에 앉아서 들었다. 그들이 예상하는 남은 생은 매우 어두웠다. 그들은 우리에게 도움을 청하러 왔다.

비비안이 말했다.

"우리 결혼 생활은 마치 죽은 고양이 시체들 위에 깔려있는 카펫 같아요. 지난 십 수 년 동안 그걸 무시하고 살아왔지만 이제는 발에 걸려 넘어질 때가 많아요. 냄새도 지독하구요. 우리 부부관계가 너무 벌어진 거 같아요. 어떻게 수습을 해야 할지 모르겠어요."

라손이 비비안을 노려보면서 말했다.

"비비안 바로 그게 문제야. 당신은 무엇이든 언제나 말끔하게 수리해야 한다고 생각하고 있어. 당신은 나를 어떻게 해서든 고쳐보려고 하는데 나는 그만 질리고 말았어. 왜 더 잘하지 못하느냐, 그렇게 많이 먹으면 어떻게 하느냐, 왜 이렇게 하느냐 왜 저렇게 하느냐, 끊임없이 비난하는 소리에 질려버리고 말았어. 나한테 문제가 있는 것은 나도 잘 알아. 그러나 당신이 나를 고칠 수는 없을 거야."

"여보. 나는 당신을 고치려고 하는 게 아니에요. 나는 그저 당신을 돕고 싶을 뿐이에요. 그런데 당신은 모두 다 비난이라고 생각해요. 그리고는 자기 요새로 숨어들어가서 문을 걸어 잠그고 말아요."

라손은 목소리를 높여서 다음과 같이 말했다.

"당신은 하는 일마다 야단맞는 내 기분이 어떤지 잘 몰라. 그리고 당신이 하라는 대로 안하면 당신은 내가 당신을 무시한다고 생각해. 나도 잘못은 있어. 그러나 그걸 고치기 전에 우리가 앞으로 계속 살지 말지 먼저 알아야겠어."

우리 부부는 비비안과 라손 부부를 지난 십 수 년 동안 알아왔다. 그들 부부 사이에 긴장이 감도는 것도 눈치를 챘다. 하지만 이혼의 벼랑 끝에 서서 도움을 구해야 할 정도로 심각한 줄은 몰랐다. 그들의 관계는 언제부터 그토록 부정적이 되었는가? 어떻게 해서 부부가 원수로 변하게 되었는가? 어떻게 했는데 그 정도까지 악화되었는가?

지난 십 수 년 동안 라손과 비비안 부부는 문제들이 생기면 곧 해결하려고 하지 않고 카펫 밑에 밀어 넣고 숨겨두었다. 그들은 아직도 서로를 사랑하지만 더 이상 친구는 아니었다. 그들은 전투 중이었고 둘 다 패자가 되어갔다. 신혼 시절에는 그렇게 에너지가 넘쳐나고 즐겁고 내일이 가슴 벅찼는데 지금은 모두 잃었다.

지난 세월을 되돌아보면서 비비안은 자기 자신을 개발해야할 필요를 방관한 데에 대해 매우 화가 나 있었다. 라손은 비비안의 쓴 소리는 귀담아 듣지 않고 일과 컴퓨터와 자녀 양육을 요새삼아 그 뒤에 숨었었다고 털어놓았다. 무슨 수를 써서든 평화롭게만 살자고 했는데 그 대가가 너무 컸다. 아이들 중심으로 살다보니까 부부 사이의 문제는 무시하고 넘어갈 수 있었다. 그들은 늘 자녀들 이야기만 하며 살았다. 항상 마음이 맞는 것은 아니었지만 지뢰가 잔뜩 묻혀있어 건드리기만 하면 터질 그들 자신의 문제들보다는 훨씬 안전했다. 그러나 아이들이 모두 떠나자 죽은 고양이의 시체를 더 이상 무시할 수 없게 되었다(라손과 비비안 부부의 이야기는 이번 장의 끝에서 다시 다룰 것이다.).

여러분의 결혼생활은 이혼의 벼랑 끝에 서 있지 않기를 바란다. 하지만 빈 둥우리 시기에 들어선 후 부부관계가 꿈꾸던 것과는 달라 실망스러울 수 있다. 여러분의 창고 안에 곰팡이가 슬어서 썩어가는 문제들이 처박혀 있을지도 모른다. 대부분의 부부들은 물어보면 그제야 지금 사는 것보다는 더 행복한 부부관계를 원한다고 털어놓는다. 아이들을 키울 때에는 승진도 해야 하고 아이들 축구시합도 주선해야 하고 댄스파티도 열어줘야 하는 바람에 신경을 쓸 시간이 없었다. 이제 아이들이 떠나자 그동안 무시했던 문제들이 다시 표면으로 떠오른 것이다. 드디어 이 문제들을 해결해야 할 시간이 왔다.

네 번째 데이트에서는 이제까지 숨어있던 문제들을 꺼내서 다루는 기회를 갖게 될 것이다. 무시해온 문제들에 관한 이야기를 어떻게 시작해야 할지, 해결할 수 있는 문제들은 어떻게 그 해답을 찾아야 할지 그리고 해결책이 없는 문제들은 어떻게 가려내서 있는 그대로 받아들여야 할지를 배울 것이다.

## 빈 둥우리 부부들이 만나는 열 가지 대표적인 문제들

부부가 함께 살면서 부딪치는 문제들은 해결하느냐 못하느냐가 중요한 것이 아니다. 그 문제들을 부부가 어떻게 함께 풀고자 하는가가 더 중요하다. 특히 빈 둥우리 시기에는 더욱 그렇다. 아이들을 돌보아야 하는 짐을 내려놓고 나면 억눌러왔던 문제들이 다시 표면 위로 떠오른다. 때문에 실제보다 더 크게 보인다. 부부가 빈 둥우리 시기에 씨름하게 될 문제들은 어떤 것들이 있는가? 우리 부부가 실시한 연구조사에 의하면 다음과 같은 열 가지 문제가 가장 고통스러운 것으로 나타났다. 가장 심각한 문제부터 차례대로 열거한다.

**빈 둥우리 시기의 가장 고통스러운 열 가지 문제**

1. 갈등
2. 의사소통
3. 성생활
4. 건강
5. 즐거움
6. 여흥
7. 돈
8. 연로한 부모
9. 정년퇴직 후의 계획
10. 자녀

빈 둥우리 시기의 부부들이 고민하는 처음 세 가지 문제들은 젊은 부부들에게도 역시 가장 중요하다. 결혼 생활의 각 시기들을 통과할 때 전 단계에서 그대로 가져오는 문제들이 있기 마련이다. 우리 부부가 실시한 설문 조사에서는 성별의 차이는 크게 문제되지 않았다. 그러나 여자들은 의사소통을 큰 문제로 여기는 반면 남자들은 성생활을 가장 큰 문제로 보는 경향이 있었다(별로 놀라운 사실은 아니다.).

빈 둥우리 시기에 재정 문제는 젊은 부부들보다 덜 중요하지만 그 대신에 건강은 큰 문제가 된다. 그리고 즐김과 여흥이 높은 위치를 차지하는 것을 보면 시간은 많은데 어떻게 함께 즐겨야 할지 잘 모르는 것으로 보인다. 지난 십 수 년 동안 여가 활동도 아이들 중심으로 이루어졌을 것이다. 그래서 부부 둘이서 시간을 어떻게 보내야 할지 몰라서 더욱 혼란스러운 것이다.

## 여러분의 문제들은 무엇인가?

여러분의 부부생활에서 이 문제들의 순위가 어떻다고 보는가? 여러분도 이와 같은 문제들로 인해 고통을 겪는가? 이 문제들이 주로 언제 터져 나오는가? 밤늦게 이미 스트레스로 완전히 지쳐있을 때 싸우는가? 아니면 어떤 사건이 발생했을 때 그에 관련된 문제가 튀어나오는가? 영화 DVD를 너무 늦게 반납해서 연체료가 많이 밀렸을 때 재정 관리 문제를 가지고 다툴 수 있다. 연로한 부모로부터 도움을 바라는 전화를 받았을 때, 시댁이나 처가 문제로 이미 악화된 부부관계가 더 나빠질 수도 있다.

부부관계에 긴장을 일으키는 문제들은 그와 관련된 사건으로 인해 감정이 들끓고 있을 때를 피해야 제대로 대화할 수 있다. 문제를 해결하거나 처리하기 위해서는 먼저 어떤 문제들이 부부에게 가장 큰 고통을 주는지 알아야 한다. 그 전에 인정해야 할 사실이 하나 있다. 모든 문제를 다 해결할 수는 없다는 것이다. 영원히 해결되지 않는 '평생 문제'들도 있기 때문이다.

## 어떤 문제들과는 함께 살아야 한다

어떤 문제들은 아무리 해결하려고 해도 또는 해결되었는가 싶다가도 여전히 남아있는 경우가 있다.

존 고트만은 『원만한 부부생활을 위한 일곱 가지 원리(Seven Principles for Making Marriage Work)』에서 다음과 같이 이야기한다.

"가벼운 말다툼으로부터 전면 전쟁에 이르기까지 부부 사이의 모든 갈등은 두 가지 범주로 분류된다. 모든 문제들은 해결될 수 있는 문제와 영원히 해결되지 않는 평생 문제로 분류된다. 평생 문제는 어떤 형태로든 삶의 일부가 되어있기 때문에 영원히 떠나지 않는다."

고트만 박사에 의하면 부부 사이의 갈등 중 69퍼센트가 자동 온도 조절기 싸움과 같은 평생 문제의 범주에 속한다. 땀을 많이 흘리는 다이애나는 집안 온도를 섭씨 20도에 맞추기를 바라지만 추위를 타는 짐은 섭씨 23도가 적당하다고 생각한다. 이와 같은 경우 누가 마지막으로 자동 온도 조절기 온도를 맞추었느냐에 따라 부부 중 하나는 너무 덥거나 너무 춥기 마련이다. 이 싸움은 집안에서뿐 아니라 차 안에서도 계속된다. 이 부부에게는 함께 사는 동안 늘 다퉈야 할 평생 문제이다.

또 다른 부부의 예를 들어보자. 드류와 에이미는 자동차 속도를 놓고 늘 다툰다. 에이미는 항상 제한 속도를 엄격하게 지키며 운전을 하는데 드류는 스피드 광이다. 에이미는 드류에게 속도를 낮추라고 잔소리를 하고 드류는 에이미에게 좀 빨리 달리자고 재촉한다. 또 어떤 부부는 치약 전쟁을 한다. 한 사람은 치약을 끝부분부터 깨끗하게 말아가며 사용하고 다른 배우자는 아무데나 꾹꾹 눌러서 쓴다.

이와 같은 차이에도 불구하고 서로 타협해서 사는 방법만 발견한다면 만족스러운 부부관계로 발전시킬 수 있다. 건설적인 논쟁은 오히려 부부생활을 풍요롭게 해준다. 중년 이상의 156쌍 부부들을 대상으로 실시한 연구 조사에 의하면 부부가 오래 동안 원만하게 사는 가장 중요한 비결의 하나가 바로 건설적으로 논쟁하는 방법이다.

로라 카르테센 박사는 다음과 같이 이야기한다.

"행복한 부부와 불행한 부부는 논쟁하는 방법이 다르다. 모두 다 분노를 표현하기는 하지만 그 방법이 전혀 다르다."

카르테센에 의하면 관계가 건강한 부부는 논쟁을 해도 서로를 비난하는 일 없이 문제에만 초점을 맞춘다. 그들은 사랑스러운 말이나 다정한 접촉 또는 동작으로 분노를 분산시키며 특히 유머를 건설적으로 사용한다.

"그들은 함께 웃을 뿐 서로를 비웃지 않으며 유머로 사랑에 활기를 불어넣는다."

이 연구는 나이가 들어감에 따라 문제들은 점점 별게 아닌 것이 되고 부부관계는 더욱 탄탄하게 다져진다고 보고했다.

우리가 이제까지 부부 세미나를 이끌어오면서 경험한 바에 의하면 문제 해결에 있어서 가장 중요한 것은 어떤 문제를 놓고 싸우느냐가 아니라 부부가 한 편이 되어서 문제 자체와 싸워야 한다는 점이다. 부부 사랑 살리기 세미나에서 우리는 부부들에게 서로를 공격하기보다는 문제 자체를 적으로 여기고 싸우라고 권유한다.

제 3장에서도 이야기했듯 부부는 자신의 솔직한 감정을 서로에게 표현하고 서로를 이해하려고 할 때 한 팀으로서 문제를 함께 풀 수 있다. 문제를 정확히 이해하고 얼마를 양보하든 그 문제를 함께 꼭 해결하기를 원할 때까지는 계속해서 이야기하기 바란다. 그래서 먼저 부부가 함께 문제를 놓고 이야기를 나누는 방법에 대해서 말하고자 한다. 그 후에 문제 해결을 위한 네 단계의 방법을 소개할 것이다.

우리는 문제가 무엇인지 정확하게 밝혀내기 전에 무조건 머리를 맞대고 문제를 해결하려는 경향이 있다. 이와 같은 잘못을 피하기 위해서는 문제에 관한 대화와 문제를 해결하기 위한 대화를 분명하게 구분하는 것이 좋다. 문제 자체에 관한 이야기를 충분히 나눌 수만 있다면 대부분의 경우 해결을 위한 대화는 더 이상 필요치 않을 때가 많다. 대부분의 연구조사자들에 의하면 부부 사이에 갈등을 일으키는 문제들의 80퍼센트는 해결이 필요 없는 것으로 나타났다. 이 문제들은 부부가 충분히 이야기를 나눔으로써 문제에 대한 서로의 느낌을 이해하기만 하면 문제 자체가 해결되지 않아도 더 이상 갈등은 생기지 않는다고 한다.

## 문제에 관해 대화를 시작한다

"나는 절대로 아이오와로 이사할 수 없어요. 제정신이라면 어떻게 이사 이야기를 꺼낼 수 있어요? 도저히 믿어지지를 않네요!"

린다가 쏘아붙였다.

제프가 애원하듯 말했다.

"그럼 나보고 어쩌란 말이야. 부모님을 도와드려야 하는데 여기서는 아무 것도 할 수 없잖아. 그렇게 고집만 부릴 일이 아니야."

린다와 제프는 빈 둥우리 시기에 막 진입한 부부로 매우 진지하고 성실한 사람들이다. 그런데 제프의 아버지가 최근에 뇌졸중으로 쓰러졌다. 그의 어머니 혼자서는 보살펴드리기 힘들었다. 장남인 제프는 부모를 돌보는 책임이 자기에게 있다고 느꼈다. 이제 그들 부부는 아이들이 다 떠나고 없으므로 동생들보다는 더 자유스럽다고 느꼈다. 반면 린다는 덴버에서 컨설팅 사업을 시작한지 얼마 안 되었다. 또 친구들과 떨어지고 싶지 않았다. 특히 두시간 떨어진 대학에 다니는 외동딸 곁을 떠나고 싶지 않았다. 더구나 린다의 사업이 제 자리를 잡아가고 있었기 때문에 중단하고 싶은 생각이 전혀 없었다.

제프는 린다가 자기 아버지 생각을 전혀 안한다고 생각했고 린다는 제프가 자신의 상황은 조금도 고려 안한다고 여겼다. 린다는 이제까지 결혼생활을 해오는 동안 제프가 아내보다는 자기 부모들을 더 소중하게 여겼다고 느꼈다. 그래서 앞으로 어디에 살 것인지, 제프의 부모를 어떻게 하면 가장 잘 보살필 수 있을지에 대해 시작한 이야기가 큰 싸움으로 발전했다. 둘 다 오해와 혼란과 분노에 휩싸였다. 그들은 문제 해결은커녕 문제 자체에 관한 대화도 제대로 할 수 없었다(제프와 린다 부부에 관한 것은 앞으로 더 자세히 말할 것이다.).

대부분의 부부들은 때때로 참지 못하고 상대방을 공격하거나 부정적인 감정에 휩싸일 때가 있다. 때로는 문제에 관해서 교양 있게 토론하는 것이 불가능할 때도 있다. 제프와 린다는 당면한 문제를 반드시 해결해야 했지만 많은 경우 우리가 다투는 문제들은 처음부터 해결이 불가능하거나 아니면 해결할 필요가 없는 것들이다. 그러나 우리는 그 문제들을 놓고 이야기해야만 하고 서로 상대방의 관점과 감정을 이해해야만 한다.

부부는 함께 오래 살면 살수록 추억과 함께 나눈 삶이 쌓이기 때문에 어떤 문제에 대해 의견이 조금 다르다고 해서 곧 헤어지거나 하지는 않는다. 그러므로 의견이 일치하지 않는 문제에 대해서 솔직한 이야기를 건설적으로 마음껏 나누는 것이 좋다.

### 문제는 한 번에 하나씩만

먼저 기억해야 할 것은 한 번에 한 문제씩만 다루어야 한다는 것이다. 우리 부부는 민감한 문제를 이야기하다보면 항상 다른 문제들까지 끌어들이게 된다. 결국 우리도 모르는 사이에 대화를 시작하기 전보다 상대방에게 더욱 화가 나 있을 때가 많았다.

우리는 어떤 문제를 다룰 때 주제로부터 빗나가 다른 문제들까지 함께 이야기하게 되면 대화가 제대로 나아갈 수 없음을 느꼈다. 이는 마치 컴퓨터 윈도우 환경에서 프로그램을 사용하는 것과 같다. 기능적으로는 윈도우 환경에서 몇 개의 창을 동시에 열고 작업하는 것이 가능하다. 그래서 나는(클라우디아) 컴퓨터 작업을 하다보면 사용하던 프로그램을 열어둔 상태에서 다른 창을 열 때가 많다. 그러다보면 나도 모르는 사이에 너무 많은 창을 열어놓아 과부하가 걸리게 되고 '잘못된 작업'이라는 불길한 경고 메시지를 봐야 할 때가 많다. 결국 컴퓨터 경찰이 문을 두드린다. 파란 창이 갑자기 뜨면서 자판이 작동을 멈추고 급기야는 이제까지 작업한 것을 포기하고 컴퓨터를 껐다 켜야 하는 불상사가 생긴다.

마찬가지로 어떤 문제를 이야기하면서 다른 문제들을 꺼내면 이와 비슷한 일이 일어난다. 우리 부부의 경험에 의하면 한 문제를 완전히 이해하고 그 문제에 대한 서로의 감정을 확인하기 전에는 그 문제에만 집중하는 것이 좋다. 한 창만 열어놓고 대화를 해야지 다른 창들을 함께 열면 결국 의사소통이 멈추게 된다. 한 번에 한 문제씩만 다뤄야 한다는 사실을 잊지 말라.

두 번째로 기억할 것은 문제 자체에 관해서 나누는 대화와 문제 해결을 위한 대화를 분리해야 한다는 점이다. 그렇지 않으면 어떻게 해야만 해결할 수 있을까하는 생각에만 몰두하여 상대방의 이야기를 전혀 듣지 못한다. 특히 감정적으로 격앙된 문제들을 다룰 때에는 더욱 그렇다. 우리는 긍정적인 태도를 유지하고 여과장치들과 어조, 비언어적 의사소통 방법들의 영향을 될 수 있는 대로 피하기 위해서 어떤 구조적 장치를 필요로 했다. 이와 같은 구조적 장치의 하나인 〈발언권 분배 방법〉을 소개한다.

## 발언권 나누기

문제를 해결하기 전에 문제 자체에만 집중해서 이야기를 나누기 위해 자신의 부정적인 감정들을 솔직하게 표현해야 한다. 이때 구조적인 장치가 필요하다.

마크만과 스팬리와 블룸버그는 『당신의 행복한 부부생활을 위한 싸움(Fighting for Your Mariaqe)』에서 발언권을 공평하게 나누는 방법으로서 화자/청자 기법을 소개한다.

발언권을 차지하는 신호로는 어떤 것도 가능하다. 연필, 안경, 컵을 들어서 자기가 발언권을 갖겠다는 신호를 보낼 수 있다. 발언권을 차지하는 사람이 화자이다. 발언권을 갖지 않은 사람은 청자이다. 이 기술의 목적은 한 문제나 주제에만 집중해서 이야기를 나누고 그 문제에 대한 서로의 견해나 감정을 완전히 파악하는 것이다.

화자/청자 기법은 상대방으로 하여금 매우 민감한 문제에 관해서 안전하게 이야기할 수 있도록 만든다. 이 기법의 구조적인 장치는 주제에만 집중하게 만들고 상대방을 공격하는 일 없이 자신의 감정을 이해할 수 있도록 분명하게 전달할 수 있도록 한다. 처음에는 사용하기가 어색하다. 하지만 규칙만 잘 따른다면 효과를 얻을 수 있다. 이 방법은 격식을 갖추는 공식적인 대화이다. 때문에 구조적 장치가 필요하다고 느낄 때에만 사용하기 바란다. 규칙을 살펴보자.

### 화자가 지켜야할 규칙

* 자기 자신에 관해서만 이야기한다. 독심술은 삼간다.
* 간단하게 이야기한다. 끊임없이 계속해서 이야기하지 않는다.
* 한 마디 말을 마치면 멈춰서 화자가 그 말을 다른 말로 바꾸어 해석할 수 있는 시간을 준다.

### 청자가 지켜야 할 규칙

* 화자에게서 들은 말을 다른 말로 바꾸어 해석함으로써 그런 뜻으로 이야기 했는지 화자에게 확인한다.
* 화자의 메시지에 초점을 맞춘다. 반박하지 않는다.

### 화자와 청자가 함께 지켜야 하는 규칙

* 화자가 발언권을 갖는다.
* 화자는 발언하고 청자는 화자에게서 들은 말은 다른 말로 다시 해석한다.
* 발언권을 공평하게 나눈다.

　린다와 제프 부부의 경우로 돌아가 보자. 이 부부는 제프의 부모를 보살펴드리기 위하여 아이오와로 이사해야 하는지 아니면 친구들과 딸이 가까이 있고 린다가 이제 막 컨설팅 사업을 시작한 콜로라도에서 그대로 살아야 할지를 놓고 비생산적인 대화를 해왔다. 린다와 제프는 화자/청자 기법이 제공하는 안전한 환경과 구조적 장치를 사용하여 그들의 대립되는 의견에 관해서 싸우지 않고서도 이야기를 나눌 수 있었다.

　제프(화자): 나는 어머니가 아버지를 보살펴드리는 것을 돕기 위해서 아이오와로 이사할 필요가 있어.

린다(청자): 당신 아버지가 뇌졸중으로 쓰러지셨는데 어머니가 혼자서 돌볼 수 없으니까 당신이 가서 도와주어야 한다고 느꼈단 말이죠?

제프(화자): 맞았어. 나는 장남이야. 그게 내 의무라고 생각해. 남동생은 교통사고를 당했는데 이제 막 회복해서 다시 직장에 다니기 시작했어. 여동생은 십대에 들어선 세 아이를 돌봐야 해. 그들은 부모님을 도울 수 있는 처지가 아니야.

린다(청자): 남동생이나 여동생이 부모님을 도와줄 수 없다고 생각하기 때문에 당신이 책임져야 한다는 말이죠?

제프(화자): 맞아. 어머니는 혼자서 아버지를 돌봐드릴 수 없어. 그렇다고 간병인을 고용할 돈이 있는 것도 아니고.

린다(청자): 그러니까 당신은 부모님이 재정적으로 어려울 것이라는 말이군요.

(제프가 린다에게 발언권을 넘긴다. 이제 린다가 화자가 된다.)

린다(화자): 나는 콜로라도에서 살고 싶어요. 중서부에서 태어나 자랐어요. 그 산도 없는 밋밋한 곳으로 다시 돌아가고 싶지 않아요.

제프(청자): 당신은 이곳 콜로라도에서 사는 것이 즐겁고 그래서 그대로 살고 싶다는 말이군.

린다(화자): 맞아요. 가족과 친척들이 모두 콜로라도에 있어요. 여기 있는 친구들도 맘에 들고 하고 있는 활동들도 좋아요.

제프(청자): 당신의 가족과 친구들이 당신에게는 매우 중요하다는 말이군. 그리고 헤어지면 매우 섭섭할 것이라는 말이지?

린다(화자): 아이오와로 이사 가면 다시는 콜로라도로 못 돌아올 것 같아서 두려워요.

제프(청자): 당신은 아이오와로 옮기면 영구적으로 이사 간다고 생각하는군.

(린다가 제프에게 발언권을 넘긴다.)

제프(화자): 나는 당신이 아이오와로 가는 것을 영구적인 이사로 생각하고 있는지 몰랐어. 나는 이사 간다고 해도 2년 후에는 다시 돌아오려고 생각하고 있었어.

린다(청자): 당신은 2년 정도의 일시적인 이사를 생각하고 있었군요?

제프(화자): 맞아. 그리고 지금 당장 이사가야 한다고 말하는 것이 아니야. 아버지의 병세가 더 나빠지면 이사를 생각해보자는 의미였어.

린다(청자): 그러니까 지금 당장 이사하자는 말은 아니었네요? 그리고 부모님이 당신을 정말로 필요로 하게 되면 이사도 고려하자는 이야기였군요?

제프(화자): 맞아. 이제야 서로를 이해하기 시작하는 것 같군.

린다와 제프는 주제에만 대화의 초점을 맞추었다. 그리고 상대방의 감정과 의견을 확인했다. 처음으로 그들은 상대방의 생각을 제대로 이해하기 시작했다.

화자/청자 기법은 문제 자체에 관해서 대화를 나눌 때에만 사용해야지 문제 해결을 위해서 쓰면 안 된다. 자기도 모르게 해결책을 이야기하고 있다는 생각이 들면 중단하고 다시 문제 자체로 돌아가야 한다. 남자들은 해결부터 하려는 경향이 있다. 이러한 경향을 특히 조심해야 한다.

부부가 싸우는 대부분의 문제들은 해결책을 찾을 수 없는 평생 문제들에 속한다. 이러한 문제들에 관해서는 서로의 기분을 이해하는 데에 초점을 맞추어 이야기해야 한다.

문제에 관해서 충분히 이야기를 나눔으로써 상대방의 감정이나 견해를 분명하게 이해했다고 생각하면 다음 단계인 문제 해결로 넘어가도 좋다.

## 문제 해결

부부가 무엇이 문제인지에 대해서 확인하고 나면 그 문제를 해결하는 단계로 넘어가는데 이 때 갈등 해결을 위한 다음과 같은 네 단계 방법을 사용하기 바란다.

1단계: 문제를 다시 확인한다. 문제를 문장으로 종이에 적어보는 것이 좋다.
2단계: 부부 중 문제 해결을 누가 더 원하는지 알아본다. 또 문제 해결을 위해 누가 더 노력해야 하는지도 알아본다.
3단계: 머리를 맞대고 모든 해결책을 찾는다. 거론된 모든 해결책들을 기상천외한 것까지 모두 적는다. 적으면서 재미있는 발상이 있으면 함께 웃으며 즐긴다.
4단계: 문제 해결을 위한 행동 계획을 선택한다. 여러분이 머리를 짜낸 계획들은 각각 다음과 같은 세 유형 중 하나에 속할 것이다.

* 사랑의 선물을 준다. "이것은 나보다는 당신에게 더 중요하다. 이번에는 내가 당신 원하는 대로 따라가겠다."
* 개성의 선물을 주고받는다. "우리라고 모든 일에 동의해야 하는 것은 아니다. 이 문제는 평생 문제로서 우리 모두 상대방을 있는 그대로 받아들이고 살아가자."
* 타협의 선물을 함께 받는다. "서로 조금씩 양보해서 타협안을 마련하자."

이제 린다와 제프가 어떻게 이 네 단계 방법을 사용해서 제프의 부모를 돌보는 문제를 해결했는지 알아보자.

**1단계:** 문제를 다시 확인한다. 제프와 린다는 이미 문제가 무엇인지를 확인하고 충분히 이야기를 나누었으므로 1단계는 매우 쉬웠다. 그들은 종이에 다음과 같이 적었다.

"우리는 부부관계에 상처를 주지 않는 방법으로 제프의 부모를 돕고 보살피기 위해서 우리 모두에게 만족스러운 계획을 찾아낸다."

**2단계:** 부부 중 문제 해결을 누가 더 원하는지 알아본다. 그리고 문제 해결을 위해 누가 더 노력해야 하는지도 알아본다. 부모를 돌봐야 한다는 책임감을 제프가 훨씬 더 느꼈다. 린다는 직업과 친구들과 콜로라도의 대학에 다니는 외동딸을 떠나서 아이오와로 이사하고 싶지 않다.

**3단계:** 머리를 맞대고 모든 해결책을 찾아본다. 제프와 린다가 머리를 짜내서 찾아낸 해결책들은 다음과 같다.

1. 아이오와로 이사해서 다시 돌아오지 않는다.
2. 콜로라도에 그대로 살면서 제프가 부모를 돌보러 아이오와에 자주 찾아간다.
3. 아이오와에 1년 동안 가 있다가 다시 콜로라도로 돌아온다.
4. 부모를 콜로라도로 모셔온다.
5. 동생들이 도움을 보탤 길이 있는지 알아본다. 함께 돈을 모아서 아버지를 보살피는 간병인을 구한다.

**4단계:** 문제 해결을 위한 행동 계획을 선택한다.

제프와 린다는 어떤 해결책을 선택했을까? 앞에서도 살펴보았듯이 제프와 린다는 문제에 관해서 매우 모범적인 토론을 했다. 이 부부는 문제에 관한 생각과 감정을 서로 솔직하게 나눴기 때문에 적절한 행동 계획을 선택하기는 어렵지 않았다.

제프와 린다는 당분간은 콜로라도에 그대로 머물기로 결정했다. 제프는 부모를 돕는 일에 동생들이 재정적으로 힘을 보탤 수 있는지 알아보고 있다. 그리고 제프가 아이오와에 가서 2주 동안 머물면서 아버지를 간호할 수 있는 간병인이 있는지 알아보기로 했다. 린다는 시아버지를 돌보는 간병인을 고용하는 데에 기꺼이 돈을 보태기로 했다. 이 계획은 부부 중 누구에게도 불만스럽지 않았다. 앞으로 상황이 변하는 대로 이 문제를 다시 다룰 생각이지만 현재로서는 일단 접어두고 다른 문제들로 넘어가기로 결정했다.

## 해결책을 찾아낼 수 없을 때

만족스러운 해결책을 찾아낼 수 없을 때에는 상담자, 멘토, 믿을 만한 친구, 담임 목회자에게 도움을 구하는 것이 좋다. 일방통행로를 잘못 들어서 거슬러 올라가고 있을 때에는 '당신 잘못 가고 있다.'고 소리치는 교통경찰이 필요한 것이 아니다. 그럴 때에는 직접 와서 다른 차들을 멈춰 세우고 자기 차를 돌려 세울 수 있도록 도와주는 친절한 교통경찰이 필요하다. 여러분에게 상담자는 바로 그런 도움을 줄 수 있을 것이다.

## 어떤 부부에게도 문제는 있다

우리는 누구나 살아가면서 어려운 상황에 부딪치게 된다. 그럴 때에는 매우 힘든 결정을 내려야만 한다. 가장 김빠진 부부는 그저 함께 살기만 할 뿐 아무런 간섭도 안하고 서로 하고 싶은 대로 하며 사는 부부들이다. 그러면 갈등은 전혀 없겠지만 서로 남남이나 다름없다. 지금도 그렇지만 앞으로도 문제에 부딪치면 어떻게 해서든 함께 풀어나가도록 모든 힘을 다 해야 한다. 여러분의 부부관계는 그만한 노력을 기울일 가치가 충분하다.

이제 네 번째 데이트를 시작하자. 데이트 길잡이의 네 번째 데이트를 펴고서 여러분의 부부관계를 방해하는 문제들을 해결해보자.

네 번째 데이트 **대청소**

다섯 번째 데이트

# 역할 재조정

**아이들이 독립하기** 전까지 집안 살림과 세 아들을 돌보는 일은 주로 내가(클라우디아) 도맡아 했다. 아이들이 떠나자 그제야 내가 하고 싶은 집안일을 골라서 할 수 있는 권리를 찾았다. 가장 먼저 했던 일은 남편과 집안일을 재분담하는 것이었다.

우리는 먼저 해야 할 집안일들의 목록을 만든 뒤 분배하기 시작했다. 나는 음식 만들기를 좋아했다. 식단 짜기와 식사 준비를 자진해서 맡았다. 데이브는 그릴에 고기 굽는 것을 좋아했다. 그는 집 밖에서 하는 모든 요리를 맡았고 저녁마다 설거지를 책임지기로 했다. 오래 전부터 그는 '부엌 요정'이라는 다정한 별명을 가지고 있었다.

역할 분담은 새 콘도로 이사 오기 전까지 순조롭게 진행되었다. 그런데 이사 온 뒤 이틀이 지났는데도 '부엌 요정'이 모습을 보이지 않았다. 사흘이 지나자 설거지 그릇들이 산더미처럼 쌓였다. 나는 근심이 가득한 얼굴로 데이브에게 말했다.

"여보, 걱정이 돼서 죽겠어요. 새 집으로 이사 온 뒤로 부엌 요정이

오질 않아요. 설마 우리 집을 못 찾아서 헤매는 것은 아니겠죠? 그럼 어쩌죠?"

데이브가 대답했다.

"걱정 말아, 여보. 초코 칩 쿠키를 구워서 우유 한 잔과 함께 식탁 위에 놓아두면 틀림없이 나타날 거야."

그날 저녁 데이브는 식탁 위에 놓인 초코 칩 쿠키와 우유 한 잔을 보았다. 그러자 정말로 '부엌 요정'이 나타났다. 때때로 남자 부엌 요정이 너무 지쳐서 꼼짝 않을 때는 여자 부엌 요정이 돕기도 했다. 이렇게 해서 우리 부엌은 그럭저럭 굴러간다. 여러분은 어떻게 하는가?

아이들이 모두 떠나면 가사 분담을 바꿔야 한다. 누가 무엇을 맡을지 부부가 상의할 때이다. 어떻게 집안일을 분담할 것인가? 한 배우자는 퇴직해야 할 때가 가까워오고, 다른 배우자는 새로운 직업을 갖기 시작했을 수도 있다. 이번 데이트에서는 서로의 새로운 상황에 어떻게 도움을 줄지, 그러기 위해서는 어떻게 역할을 재분담해야 할지에 관해 이야기할 것이다. 우선 일반적으로 빈 둥우리 부부에게 어떤 역할 변화가 오는지를 알아보자.

## 역할 교환

아이들이 다 떠나면 부부의 역할에 변화가 오기 마련이다. 부모로서의 책임이 뒷전으로 물러나면서 지금까지 해오던 역할들이 더 이상 정상적인 기능을 하지 않는다. 빈 둥우리 시기에 접어든 많은 주부들은 아이들을 떠나보낸 후 '실직자'가 되었다고 호소한다. 한편, 결혼생활 전반부를 자녀 양육에 모두 바친 주부들 중 남은 생애를 자기 계발에 투자하는 경우도 있다. 어떤 주부들은 대학으로 돌아가 공부를 시작하기도 한다. 이와 달리 남편들은 삶을 여유롭게 즐기고 싶어 한다. 직업에 대한 열정이 시들해지는 시기이다. 자진하여 한직(閑職)으로 물러나기도 한다.

크리스티안 노스럽 의학박사는 『갱년기 여성의 지혜(Wisdom of Menopause)』에서 빈 둥우리 시기와 거의 맞물려 다가오는 갱년기 여성들의 변화에 관해서 다음과 같이 말한다.

"이때의 여성들은 대개 집과 가정 밖의 세상으로 눈길을 돌려 모든 에너지를 쏟아 붓기 시작한다. 외부 세계가 창조적인 자기 발전과 자존감 강화를 위한 매력적인 자원의 보고로 새롭게 다가오기 때문이다. 이와 달리 남성들은 사회생활에 너무 지쳐 직장에서의 경쟁으로부터 한발 물러나 쉬고 싶어 한다. 남성들의 우선순위가 외부 세계에서 집, 건강, 가정 등 내부로 이동하기 시작한다."

게일 쉬이는 『새로운 여정(New Passages)』에서 이러한 변화에 관해서 다음과 같이 말한다.

"나이가 들면서 남녀의 역할 경계선이 무너지고 대 변동이 시작된다. 표면적으로 관찰되는 현상으로 여성은 가사보다 직업과 자아 성취에 집중하게 되고, 남성은 집안을 보살피거나 아내의 보살핌을 받으려는 경향이 두드러진다. 여성은 보다 독립적이고 자기주장이 강해지며 남성은 감정 표현과 정서적인 반응이 민감해진다. 중년기 이후에 나타나는 이 같은 변화는 환경 때문이 아니라 발달 과정에 따른 필연적인 현상이다. 또한 다양한 차이에도 불구하고 어느 문화에서나 보편적으로 관찰된다."

이와 같은 변화를 지혜롭게 대처한다면 빈 둥우리 부부관계에 큰 도움이 될 것이다. 쉬이는 45세를 인생의 새 출발이라고 주장한다. 우리는 '제2의 인생'을 받아들여야 한다. 이는 보다 의미 있는 새로운 삶으로 인도하며 이제까지 잊고 지냈던 삶의 기쁨을 불러일으킬 것이다. 그러나 여태껏 같이 살아온 배우자와 제2의 신혼기로 순조롭게 진입하기 위해서는 먼저 역할 재조정을 위한 협상에 성공해야 한다.

변화가 찾아오면 누구나 혼란을 느낀다. 노스럽 박사는 생리학적으로 여자들은 외부 세계에 대한 동경과 관심이 높아지는 반면, 남자들은 인간관계 속에서 삶의 의미와 목적을 찾기 시작한다고 말했다. 직업에 대한 열정이 수그러들고 삶의 여유를 누리기 위해 퇴직을 고려한다. 이와 같은 변화는 부부가 이 시기에 적응을 잘하고 어느 정도 관계 재생력을 갖추었다면 오히려 부부관계 개선에 큰 도움이 된다. 부부가 서로의 필요와 욕구를 잘 이해하고 지지한다면 빈 둥우리 시기의 역할 변화에 큰 어려움 없이 적응할 수 있을 것이다. 한 부부의 실례를 살펴보자.

## 커다란 변화

빌과 카밀라는 아이들을 키우는 동안 일반적으로 남자와 여자에게 기대되는 전통적인 역할을 수행해 왔다. 빌은 전국적인 규모의 위기관리 회사에서 일하며 넉넉한 수입으로 가정의 풍족한 생활을 보장했다. 카밀라는 전업 주부로서 가사와 자녀 양육에 만족하며 살았다. 그녀는 늘 빌 곁에서 시중을 들었다. 아침마다 정성껏 식사를 준비하고 다정한 키스와 미소로 하루를 기분 좋게 시작할 수 있도록 했다. 빌이 마치 한 성의 주인이나 왕처럼 느낄 수 있도록 했다. 그녀는 가정을 불꽃 튀는 경쟁 사회에서 돌아와 편히 쉴 수 있는 안식처로 꾸려나가는 게 즐거웠다.

빌이 회사에서 순조롭게 승진의 길을 밟고 있을 때였다. 카밀라가 일하는 재미를 알게 되었다. 가르치는 재미와 동료 여성들과 함께 일하는 것이 즐거웠다. 그녀는 결국 지역사회 성경학교의 교무주임 직을 맡았다. 아이들이 다 자라서 집을 떠날 무렵에는 역할이 더욱 커져서 다른 도시를 다니며 지역사회 성경학교의 설립을 도왔다. 여성 모임을 찾아가 강연할 기회도 많아졌다.

그러던 어느 날 지역사회 성경학교의 총 책임자가 은퇴하면서 카밀라에게 자신의 직책을 맡아달라고 부탁했다. 빌이 말했다.

"여보, 내가 지금까지 직장 생활을 해오는 동안 당신은 나를 도왔고 어디로 이사를 가더라도 불평 하나 없이 믿고 잘 따라주었소. 이제는 내가 당신한테 똑같이 해주어야 할 때가 온 것 같소. 우리의 남은 반생은 당신을 중심으로 살아갑시다."

빌은 조기 은퇴를 감행하고 아내가 일할 곳으로 이사를 갔다. 그는 온 마음을 다하여 아내를 도와주고 지지했다. 이전까지는 아내의 보살핌으로 편안하게 살았지만 지금은 아내에게 받은 보살핌을 돌려주고 있다. 이들의 부부관계는 생동감 넘치게 다시 살아나고 있으며 거듭 성장하고 있다. 부부관계에 이끼가 낄 시간을 주지 않은 것이다.

부부마다 빌과 카밀라처럼 변화에 순조롭게 적응하는 것은 아니다. 크리스텐과 로저 부부는 아이들이 떠난 뒤 역할 재조정을 위한 협상이 썩 쉽지 않았다. 이 부부의 실례를 살펴보자.

## 부부관계를 다시 새롭게

아이들이 성장해서 모두 집을 떠나고 난 뒤 크리스텐과 로저는 커다란 벽에 부딪쳤다. 여느 부모와 마찬가지로 아이들을 키울 때에는 아이들 중심으로 살았다. 그들 역시 전통적으로 남편과 아내에게 주어지는 역할을 충실하게 수행했다. 크리스텐은 집안일과 아이들을 돌보는 일을 맡았고, 로저는 가정 경제활동과 자동차·잔디밭 관리를 맡았다. 크리스텐이 말했다.

"우리는 별로 싸운 적이 없어요. 하지만 둘이서 대화를 나눈 적도 별로 없었던 것 같아요."

아이들이 집을 떠나자 모든 것이 달라졌다. 로저는 크리스텐이 변했다고 말했다.

"아내가 전에는 내 의견을 거의 다 따라줬어요. 그런데 이제는 자기 고집대로 밀고 나가려고 해요. 왜 갑자기 변했는지 모르겠어요."

다른 여자들처럼 크리스텐도 전업 주부의 삶을 벗어나 처음으로 자신의 직업에 힘을 쏟을 기회를 가졌다. 처음 시간제 업무로 시작했던 그녀는 이제는 정사원이 되었다. 크리스텐이 말했다.

"지난 십 수 년 동안 오로지 아이들 엄마로만 살아왔어요. 이제는 날마다 새로운 세계를 경험하고 있어요. 사는 게 얼마나 짜릿한지 몰라요."

그러나 로저에게는 매우 혼란스러운 시기였다. 그는 심장 건강이 악화되어 직장 일을 줄이고 휴식을 취하며 건강을 돌봐야 했다. 여행을 다니며 바람을 쐬고 싶기도 했다. 크리스텐은 그럴 수 없었다. 그녀는 직장 일에 전념하고 싶었다. 로저가 말했다.

"크리스텐과 대화를 나누고 싶었어요. 그런데 우리는 주파수가 어긋난 듯 서로 말이 통하지 않았어요."

크리스텐도 같은 느낌이었다.

"우리 부부관계에 위기가 닥쳤어요. 남편이 왜 나의 승진을 썩 달가워하지 않는지, 내 직장생활을 적극적으로 지지해주지 않는지 이해할 수가 없었어요. 나는 지난 십 수 년 동안 가족에게 베풀기만 했어요. 이제부터는 내가 세상에 존재한다는 흔적을 남기고 싶어요."

로저는 그들이 겪는 갈등의 전반적인 책임이 자신에게 있음을 깨달았다.

"아이들이 모두 집을 떠난 후 쉽지 않았습니다. 나는 타조처럼 모래 속에 고개를 처박고 위기나 변화에 눈감으려고 했습니다. 그저 크리스텐이 집에 머물러서 모든 관심을 쏟아주기를 바랐습니다. 나는 아무런 변화도 원치 않았던 것입니다."

로저는 가정에 일어난 어쩔 수 없는 변화를 받아들일 수밖에 없었다. 로저는 생각을 고쳐서 시대착오적인 꿈을 버려야 했다. 크리스텐과 로저의 부부관계는 그동안 단절된 부분이 많았고 자기도 모르는 사이에 멀어졌다. 그들은 오래된 상처들을 치유하고 문제들을 해결해야만 했다. 그리고 서로를 용서하고 받아들여야 했다.

그러자 그들은 앞으로 지켜야할 규칙에 합의할 수 있었다. 그들은 함께 즐길 수 있는 일들을 찾아냈다. 집 근처에 큰 호수가 서너 개 있었기 때문에 보트를 한 척 마련하여 휴일에는 함께 물놀이를 즐기기 시작했다.

크리스텐이 말했다.

"남편은 이제 내 직장 생활에 더 협조적이에요. 우리는 집안일의 목록을 짰어요. 그리고 이제까지 함께 살아오는 동안 처음으로 공평하게 분배했어요. 나는 정규직원이 되었고 남편은 직장 일을 많이 줄였기 때문에 식사 준비도 몇 끼는 남편이 맡고 있어요. 이제 로저는 주방장이 다 됐어요."

로저가 이어서 말했다.

"우리는 더욱 친밀한 부부관계로 발전시키기로 약속했습니다. 지난 십수 년 동안 거의 아무런 노력도 안 했습니다. 그러나 평생 안 되라는 법은 없나 봅니다. 이제 우리는 둘 다 몰라보게 변했습니다."

## 자신의 역할을 점검해보자

빈 둥우리 시기에 들어선 뒤에도 여러분의 역할 분담은 위 두 쌍의 부부들처럼 뚜렷하게 변하지 않았을지도 모른다. 하지만 아무리 원만하게 살아온 부부도 이 시기가 되면 어느 정도 변화를 겪는다. 그러므로 우리 모두가 다가올 변화에 대해 어느 정도 준비를 해야 한다. 변화는 마치 호르몬에 의한 것처럼 자연발생적이라는 사실을 깨달아야 한다. 이 전환기를 통해서 여러분의 부부관계를 개선해야지 악화시켜서는 안 될 것이다. 이제까지와는 다른 시각에서 마음을 열고 대화를 나누어 남은 반생 동안 어떤 역할 분담을 원하는지 알아보아야 할 것이다.

아이들을 돌보는 동안에는 순조롭게 굴러갔던 역할 분담 계획도 이제는 변화가 필요하다. 부부는 더 이상 아이를 돌보는 일을 나누지 않아도 된다. 이 시기에 있어서 책임 분담은 다분히 개인적인 성향에 달렸다. 자기가 어떤 일을 더 좋아하는지 알기 위해서는 일단 마음에 드는 분담 계획을 골라서 실행하는 것이 좋다. 어떤 일이 마음에 안 들면 서로 바꿔보기도 하고 함께 해보기도 한다. 식사 준비를 담당했다면 배우자에게 일주일에 한 번씩만 음식을 준비하거나, 함께 요리를 만들어보자고 권할 수 있다. 일주일마다 역할을 바꿔도 좋다. 어떤 일이 더 마음에 드는지, 어떤 일을 함께하고 싶은지 알아내서 서로 타협하는데 그보다 더 좋은 방법은 없을 것이다.

지난 번 데이트에서는 갈등에 부딪쳤을 때 싸우지 않고 대화로 해결하는 방법을 익혔다. 화자/청자 기법은 부부가 빈 둥우리 시기 동안 역할과 책임을 어떻게 분배할지를 타협하는데 매우 유용할 것이다. 이번 데이트에서는 상대방에게 어떤 기대를 가지는지, 어떻게 역할을 분담하고 싶은

지, 어떻게 서로 협동할 수 있는지에 관해 터놓고 이야기를 나누는 기회를 가질 것이다.

데이트를 시작하기 전에 이 전환기에 주로 따르는 중대한 변화들과 이 변화들로 인해 불가피하게 재분담해야 하는 역할들은 무엇인지 알아보아야 한다. 먼저 배우자의 은퇴에 관해서 살펴보자.

## 은퇴로 인한 역할 재분담

배우자 중 한 명이 은퇴할 때만큼 역할 분담에 큰 영향을 미치는 변화도 없을 것이다. 특히 한 배우자는 퇴직하고, 다른 배우자가 직장 생활을 다시 시작할 때는 더욱 그렇다. 부부가 동시에 은퇴하는 경우는 거의 없다. 그러므로 부부가 역할 재분담에 대해서 전혀 다른 기대를 가질 가능성이 높다. 우리 부부와 매우 가까운 친구인 수잔이 걱정했다.

"짐이 다음 달이면 퇴직을 하는데 그만둘 날을 매일 손꼽아 기다리고 있어요. 짐은 퇴직하면 일주일에 세 번은 나가서 점심을 먹고 싶어 해요. 하지만 나는 맡은 일이 너무 많아서 그렇게 자주 시간을 낼 수 없어요. 어떻게 타협을 해야 할지 모르겠어요."

퇴직하려면 몇 년 남아있는 제니는 남편 프랭크가 자기보다 먼저 은퇴하게 되어서 얼마나 기쁜지 몰랐다. 제니는 남편이 집안일을 거의 모두 떠맡아주고 저녁에는 식사도 손수 마련해놓고 기다려주기를 고대했다. 그런데 프랭크는 은퇴한 친구들과 어울려 다니며 신나게 골프를 즐길 궁리만 했다.

분명 프랭크가 은퇴하고 나면 싸움이 날 것이다. 그들은 서로에게 거는 기대들을 재조정하지 않으면 안 될 것이다. 배우자 중 한 사람 혹은 둘 다 은퇴할 때 발생하는 문제들을 살펴보자.

### 퇴직하는 배우자는 정체성의 위기와 부딪치게 된다
특히 남자들은 퇴직하고 나면 자신의 직업에서 더 이상 정체성을 얻을 수 없게 된다. 이와 같은 정체성 상실은 불안감이 뒤따른다. 때로는 집안에서도 이방인이 된 느낌이 들기도 한다. 지난 수십 년 동안 낮 시간에는 늘 밖에 있다가 갑자기 집안에 있으려니까 무슨 일을 해야 할지 알 수 없어 아무것도 손에 잡히지 않는다.

### 부부가 함께 있는 시간이 많아진다
배우자가 은퇴하고 나면 일주일 하루 24시간 내내 늘 함께 지내게 된다. 그것은 대부분의 부부들에게 매우 두려운 일이다. 이런 농담을 들어본 적이 있는가?

"당신과 결혼한 건 다 좋아. 그런데 제발 점심만은 함께 먹지 않았으면 좋겠어."

### 의사소통의 패턴이 변한다
함께 보내야 할 시간이 많아지면 부부는 위기감을 느낀다. 함께 대화할 시간이 너무 많기 때문에 이것저것 이야기하다 보면 깊숙이 묻어두었던 문제들도 다시 끄집어낸다. 또는 할 이야기가 없어지기도 한다. 전에는 귀가 후 회사 일에 관해서만 이야기하려 해도 시간이 부족했다. 하지만 다닐 직장마저 없기 때문에 이야깃거리가 바닥나는 것이다.

### 역할이 변한다

남편이 은퇴한 후 첫날 오후에 직장에서 돌아온 신디는 부엌이 완전히 바뀐 것을 보고 놀라고 말았다. 남편이 온갖 깡통 요리와 양념들을 ABC 순서대로 재배열해놓은 것이다. 그녀를 돕기 위해 한 일이지만 신디는 전혀 고맙지 않았다. 어떤 남편은 은퇴 후 환경의 변화에 적응하려 하지 않고 여전히 아내가 시중들어주기를 바란다. 이런 배우자들은 은퇴가 영원한 휴가는 아니라는 사실을 빨리 깨달아야 한다.

### 서로에 대한 기대가 다를 수 있다

부부 중 한 사람이나 또는 둘 다 은퇴하면 부부 모두가 닥쳐올 큰 변화에 적응해야 한다. 서로에 대한 기대에 대해 충분히 이야기하지 못하면 의견 충돌이 일어날 수 있다. 불행히도 한 배우자는 어떤 일들을 이렇게 해야 한다고 생각하는데 다른 배우자는 저렇게 해야 한다고 생각해 의견이 부딪힐 때가 많다. 부부가 은퇴 계획을 짤 때에는 매일 담당해야 될 일들을 누가 어떻게 해야 할지 확실히 정해야 한다.

### 제정신을 잃지 않으려면

은퇴를 눈앞에 두었든 아니든 빈 둥우리 시기를 맞은 부부들은 많은 시간을 함께 보내야 한다. 그러다보면 배우자의 좋고 나쁜 것을 속속들이 알게 된다. 상대의 짜증나는 성격이나 습관들을 눈감아주고 가볍게 넘기기 위해서는 다음과 같은 여섯 가지 사항을 주의해야 한다. 그렇지 않으면 서로를 미쳐버리게 만들지 모른다.

### 털어놓고 이야기한다

눈앞에 둔 전환기에 대해서 충분히 이야기를 나눈다. 걱정되는 점을 모두 이야기하고 그에 대처할 방안을 미리 모색해본다. 모든 일을 유연하게 처리하고 배우자를 아무 조건 없이 용서하고 받아들일 마음의 준비를 해야 한다.

### 함께 보내는 시간과 따로 지내는 시간의 균형을 맞춘다

함께 살면서도 자기만의 공간을 확보해야 한다. 특히 은퇴 후에는 이와 같은 공간 확보가 어렵다. 부부는 혼자서만 즐기는 취미를 키워나갈 필요가 있다. 각각 따로 만나는 친구들도 있는 것이 좋다. 부부는 한 몸이라고 해서 모든 것을 함께 하려는 것은 안 된다. 물론 자신의 독립적인 세계를 가꾸는 것은 필요하다고 부부관계에 단절된 부분이 생길 정도로 지나쳐서도 안 된다. 균형과 조화를 유지하는 것이 중요하다.

### 함께 지내는 방법을 배운다

새로운 취미생활을 함께 개발하거나 이제까지 시도하지 못했던 것을 둘이서 시작할 수 있는 시간이다. 어떤 부부는 함께 돛단배를 조립한다. 그들은 부부가 함께 즐기며 일하는 법을 배우기에 가장 적합한 작업이라고 말한다. 부부가 함께 할 수 있는 일을 골라서 즐기는 것도 좋다.

### 애정 업그레이드

우리 부부가 전국적으로 진행한 설문조사에 따르면 부부가 오랫동안 안정적으로 살기 위해서 가장 중요한 것은 돈독한 애정이었다. 빈 둥우리 시기나 은퇴 이후의 부부들에게 애정은 더없이 중요하다. 새로운 마음으로 교제를 다시 시작해서 얼마든지 깊은 애정을 쌓을 수 있다. 별미 요리 강습, 댄스, 자전거 하이킹, 조류 관찰, 요트, 스키, 자연 풍경 촬영 등 함께 즐길 수 있는 취미생활을 찾아보자.

### 지역사회 봉사

부부가 함께 시간을 내고 뜻을 모아 한 팀이 되어 봉사활동을 하자. 인생에서 이 시기는 시간과 경제력에 여유가 있다. 경험과 전문 지식도 풍부해서 주위 사람들과 나누기에 가장 적합할 때이다. 목수 일에 능숙하다면 '해비타트 집짓기 운동(국내 관련단체: 한국 사랑의 집짓기운동 연합회)'에 참여하는 것도 좋다. 격려가 필요한 젊은 부부들의 멘토가 되어주거나 외국으로 단기 봉사활동 여행을 가는 것도 바람직하다.

### 유머 감각을 유지한다

매사에 심각한 것은 좋지 않다. 어떤 일에서든 함께 웃을 수 있는 소재를 찾아야 한다. 마치 모험 여행처럼 삶을 살자. 우리 부부는 '데이브와 클라우디아의 기상천외한 모험담'에 관해서 줄곧 대화를 나눈다. 즐거운 데이트를 자주 갖는다. 아이들이 태어나기 전에 함께 즐겼던 기억을 떠올려보라. 즐거운 추억들을 찾아서 함께 웃으며 이야기를 나누는 것도 좋다.

### 도전한다

다가오는 미래를 적극적으로 맞이하며 앞으로 일어날 변화에 기꺼이 대응해야 한다. 결혼생활은 여행의 연속이지 언젠가 머물러야 할 종착점이 아니다. 자신이 맡은 집안일을 평가하여 재조정하자. 무엇이 가장 적합한지 실험하자. 부부관계세미나에 참석하거나 여러분처럼 결혼생활에 관한 워

크북을 함께 읽으면서 따라하는 것도 좋다. 다행히 이제 우리는 빈 둥우리 시기를 성공적으로 살기 위해 어떤 기법과 기술들이 필요한지 알았다. 부부가 보다 깊은 우정과 친밀감을 나누기 위해 함께 노력하면 빈 둥우리 시기에 보다 풍요로운 부부생활을 누릴 수 있을 것이다. 자, 이제 멋진 데이트를 즐기면서 역할 분담을 재조정해보자.

데이트 길잡이의 다섯 번째 데이트를 펴고서 이제까지 맡아서 해온 집안일들을 어떻게 재분배해야 좋을지 이야기한다.

다섯 번째 데이트 **역할 재조정**

여섯 번째 데 이트

# 다시 피는 사랑의 봄

**최근 한 세미나에서** 활력 있는 애정생활에 관한 토론을 마치고 난 뒤였다. 한 주부 참석자가 다가와 말을 건넸다.

"정말 재미있는 이야기가 있어요."

팸의 말은 사실이었다. 그녀는 이야기를 시작했다.

"막내가 집을 떠나자 우리 부부는 애정생활을 다시 찾자고 마음먹었어요. 우리의 침실은 훤히 개방되어 있었어요. 기차역이나 다름없었죠. 개조가 시급했어요. 그래서 침실 바로 옆에 월풀을 설치하는 등 대대적으로 뜯어고쳤어요. 월풀은 우리 아이들을 성공적으로 독립시킨 기념으로 우리가 스스로에게 내린 포상이에요. 힘든 하루를 마치고 돌아와 지친 몸을 월풀에서 확 풀고 나면 날아갈 듯이 시원해요. 우리는 촛불을 켜고 좋아하는 음악을 틀고 창으로 스며드는 달빛을 즐기며 좋은 시간을 보냈어요. 그런데 지난 주에 사건이 일어났어요. 그날 밤 우리는 발가벗고 발코니에 나가 즐기기로 했어요. 우리 집 발코니는 울창한 숲에 둘러싸여 있어서 아무도 볼 수 없거든요. 그런데 막 즐거운 시간을 가지려는 순간 바람이 불어서 침실로 통하는 문이 꽝 닫혀버렸어요. 불행히도 문은 안으로 잠겼고 우리에겐 열쇠가 없었어요. 옷도 없고 알몸을 가릴 수건조차 없었어요. 낭만적이었던 밤이 악몽으로 바뀌는 순간이었죠. 그때였어요. 차고 문 옆에 있는, 빗물이 흘러내리도록 만든 통 밑에 열쇠 하나를 숨겨두었던 기억이 번뜩 떠올랐어요. 제프가 말했어요. '내가 내려가서 집 앞으로 몰래 돌아가 열쇠를 가지고 돌아올 테니 기다리고 있어요. 아무도 못 볼 거야.

매우 좋은 생각이었어요. 그런데 최근에 보안 장치를 설치해놓았다는 사실을 깜빡했지 뭐예요. 제프가 알몸으로 조심조심 내려가서 집 앞으로 돌아가는 순간 보안장치가 발동해서 온 집안의 불이 모조리 환하게 켜졌어요. 다행히도 밖에 나와 지켜보는 이웃은 없었죠. 하지만 창피하고 부끄러워서 혼났어요. 그 뒤로 발코니에도 열쇠 하나를 숨겨놓았답니다."

우리는 배꼽을 잡고 웃었다. 그리고 팸 부부의 독창성에 만점을 주었다. 빈 둥우리 시기의 부부들은 대부분 보다 친밀하고 낭만적인 삶을 즐기려고 노력하지만 이 부부처럼 적극적이고 독창적인 경우는 드물다. 그 이유는 다음과 같다.

부부 생활, 특히 애정 생활에 가장 큰 스트레스를 주는 기간을 꼽는다면 아이들이 걸음마를 할 때와 십대 청소년일 때이다. 아이들이 모두 집을 떠날 무렵이 되면 애정 생활은 식을 대로 식었거나 뒷전으로 물러나기 쉽다. 아니면 영화 『도시탈출(The Out-of-Towners)』의 조지와 낸시처럼 타성에 사로잡혀 어떻게 벗어날지조차 모를 수도 있다. 빈 둥우리 시기에 들어선 조지와 낸시는 뉴욕 여행 중 노상강도를 만나 호주머니를 털리고 만다. 설상가상으로 개에게 쫓기다가 한 교회로 들어가서는 엉겁결에 성(性)치료그룹에 참가하게 된다. 그룹의 인도자가 부부에게 어떤 성적 고민이 있느냐고 물었다. 조지는 대답했다. "우리는 오하이오에서 왔습니다.

그곳에서는 사람들 앞에서 성적인 고민을 꺼내지 않습니다."

낸시가 끼어들었다.

"그게 우리 부부의 문제예요. 우리는 성생활에 대해 거의 얘기를 하지 않아요. 요즘엔 얘기는커녕 잠자리를 가진 적도 없어요."

인도자가 이야기를 꺼내도록 유도했다.

"그러니까 두 분은 성생활을 할 때 정해놓은 순서대로 아무런 감흥 없이 한단 말이죠?"

낸시가 맞장구쳤다.

"맞아요! 우리는 마치 죽은 시체처럼 움직여요."

여러분은 어느 부부에 속하는가? 팸과 제프인가, 조지와 낸시 쪽인가? 아마도 대부분 이 두 부부의 중간 지점에 있을 것이다. 아무튼 아이들이 곁에서 모두 떠났으니 성생활에 다시 불붙일 기회가 찾아온 것은 틀림없다. 이번 데이트는 성생활이 지금까지와 어떻게 달라질지를 알아보고, 성생활에 활력을 불어넣는 독창적인 방법들을 찾아보자.

## 애정생활이란?

앞서 말했듯이 빈 둥우리 시기는 여러분의 성생활에 다시 불을 붙일 수 있는 좋은 시간이다. 그러기 위해서는 앞으로 어떻게 성을 즐기고 싶은지 밑그림을 그려야 한다. 빈 둥우리 시기에 접어든 한 주부가 우리에게 물었다.

"애정생활이라고요? 그게 뭐죠? 아이들을 막 떠나보낼 무렵엔 그걸 어떻게 하는지 생각도 안 나더라고요. 지난 십 수 년 동안 아이들을 보내고 나면 얼마나 여유롭고 자유로워질지 꿈꿨는데 막상 둘만의 시간을 갖게 되자 어떻게 해야 애정생활을 제대로 하는지를 모르겠어요. 좀 도와주세요."

우선 '애정생활이란 무엇인가?' 하는 질문부터 살펴보자. 건강한 애정생활은 사랑의 정신적인 면과 신체적인 면이 조화를 이룰 때에만 가능하다. 애정생활은 마치 다이아몬드처럼 여러 면으로 이루어져 각 면마다 아름답게 반짝반짝 빛나야 한다. 신뢰, 정직, 친밀감, 낭만, 상호작용, 개방성, 장난기 등 다양한 면으로 균형이 잡혀야 한다. 어느 순간 어떤 면이 빛을 낼지는 어디에서 빛이 비추는지, 어떤 시각으로 애정생활을 바라보는지에 달렸다.

지난 십 수 년 동안, 특히 십대 아이들과 씨름하는 동안 부부생활의 어떤 면은 외면받기 십상이다. 그래서 빈 둥우리 시기에 접어든 후 어떤 면은 다른 면보다 더 어둡고 침침해 보일 것이다. 그런 면은 반드시 보완이 필요하다. 예를 들어 여러분은 배우자와 함께 있을 때 편안한가? 부부 두 사람 다 애정생활에 활력을 불어넣고 싶어 하는가? 한 배우자가 다른 배우자보다 더 간절히 애정생활을 개선하기를 원할 수는 있지만(이 배우자가 애정생활을 이끌어가야 한다) 부부 두 사람 모두 애정생활의 개선을 원해야 한다.

여러분은 부부관계의 은밀한 부분에 대해서 대화를 나누는가? 서로에게 얼마나 솔직한가? 신체적인 매력, 여러분과 배우자의 몸무게, 건강 상태 등 민감한 문제를 놓고 아무런 거리낌 없이 대화를 나누는가? 성욕이 감퇴하지 않았는가? 폐경기에 접어들어 성욕이 줄거나 그로 인해 불안해지지는 않았는가? 부부관계에 있어 낭만적인 요소들이 있는가? 여유로운 마음으로 서로에게 사랑스러운 장난을 속삭이는가? 이 모든 요소들이 애정생활의 신체적인 면에 도움이 된다. 이중 몇 가지 부족한 부분이 있더라도 빈 둥우리 시기의 애정생활을 보다 독창적으로 즐겁게 이끌어가려 노력한다면 예후는 아주 낙관적이다. 먼저 빈 둥우리 시기에 들어서면 어떤 점들이 달라지는지 살펴보자.

## 나이에 맞는 애정생활

빈 둥우리 시기가 애정생활의 제2의 봄을 만들어가는 데 적합한 기회이다. 하지만 나이가 들수록 생기는 변화를 참작하지 않으면 실패할 수밖에 없다. 20, 30대에는 가능했던 것들이 40대에 접어들면서부터는 현실적으로 불가능하기 마련이다. 나이가 들면서 겪는 신체 변화를 잘 알아야 한다. 나이를 이야기할 수밖에 없음을 용서하기 바란다. 그러나 나이가 들어도 그에 맞는 애정생활은 얼마든지 즐길 수 있다.

사람들은 남녀 예외 없이 나이가 들면서 신체적·심리적 변화, 호르몬 분비의 변화를 겪는다. 여자가 폐경기를 겪는 것은 누구나 다 안다. 그러나 남자도 호르몬 분비의 변화를 겪는 사실은 잘 알려지지 않았다. 이른바 '남성 갱년기'라고 불리는 시기이다. 하지만 이와 같은 변화는 성적 관심이나 욕구에 어느 정도 영향을 끼칠 수 있으나 만족스러운 성생활을 방해할 수 없다. 오히려 이와 같은 갱년기 변화를 역으로 이용하면 성관계를 더욱 증진시킬 수 있다. 나이로 인한 변화 덕분에 성생활을 개선시키는 다음과 같은 몇 가지 방법들을 살펴보자.

### 서두르지 않는다

속도를 잘 조절한다면 20대보다 50대에 더 즐겁고 만족스러운 성관계를 즐길 수 있다. 시카고 대학에서 1994년에 발표한 연구조사에 따르면 여성들의 경우 성관계를 할 때 오르가즘에 도달할 가능성이 가장 적은 시기는 20대로 나타났다. 오르가즘에 도달할 가능성이 가장 높은 시기는 40대 초반이었다. 그 이유 중 하나는 남성들이 나이가 들수록 성적 반응 시간이 늦어지기 때문이다. 달리 말해 남자들이 좀 더 현명하게 성관계에 임한다면, 즉 어떻게 하면 아내를 더 즐겁게 할 수 있을지 노력한다면 자연스럽게 사정이 지연되어 자신의 쾌감도 배가될 것이라는 뜻이다. 나이가 들면서 성적 반응 시간이 느려진다면 환영하고 즐기기 바란다. 이 시기의 성관계는 단거리 경주가 아니라 느긋한 산책이 되어야 한다. 천천히 그리고 여유롭게 즐기자.

**행동을 취한다**

젊은이들은 시각적인 자극만으로도 달아오르지만 35세 이후의 남자들은 보이는 것보다는 키스와 애무에 강한 자극을 받는다. 빈 둥우리 시기에 성생활을 증진시키기 위해서는 보여주기보다 어떻게 해줄까에 관심을 기울이자.

**시소 그네의 균형을 맞춘다**

성생활은 항상 남자가 능동적으로 리드해야 한다고 생각했는가? 그와 같은 편견은 버리기 바란다. 번갈아가며 성관계를 주도하는 것이 좋다. 우리가 아는 한 부부는 '10일룰(rule)'을 따른다. 즉 부부가 10일마다 교대로 성관계의 주도권을 갖는 것이다. 아내가 주도권을 갖는 기간이라고 하자. 이 시기에는 아내가 먼저 남편을 자극해서 성관계를 유도한다. 그리고 10일 뒤 남편이 주도권을 넘겨받아 은밀한 쾌락을 위해 보다 적극적으로 아내에게 접근한다.

　호르몬 분비에 변화가 일어나기는 하지만 이로 인해 오히려 남녀 모두 성호르몬이 균형을 이루게 된다. 크리스터 부부는 다음과 같이 말한다.

"남성은 에스트로겐과 테스테트론의 분비량에 변화가 일어나 이끌어 가기보다는 따라가기를 더 즐기며 아내에게 속도를 조절해가도록 놓아두고 싶어 한다. 여성은 에스트로겐이 줄어들고 테스테트론이 늘어나서 보다 적극적으로 이끌어가고 싶어 한다."

남성과 여성에게서 일어나는 이와 같은 변화들 덕분에 부부는 보다 원만하고 조화로운 성생활을 즐길 수 있다.

### 몸으로 말하자

여성들은 나이가 들어갈수록 질 조직이 얇어져서 마르고 윤활액이 분비되기까지 오랜 시간이 걸리기에 의사의 처방 없이 살 수 있는 윤활액들을 사용해보기 바란다. 남성들은 나이가 들수록 혈액 순환이 원활하지 못해서 성기가 발기되었을 때 젊은 시절보다 덜 단단할 수 있지만 그렇다고 해서 여성을 오르가즘에 도달하도록 돕는 데 지장을 주는 것은 아니다. 이러한 변화가 나이에 따른 자연스러운 현상임을 이해한다면 좀 더 느긋한 마음으로 즐길 수 있을 것이다.

### 실험정신을 길러나가자

성적 반응 시간이 늦어지는 덕분에 원하는 것들을 이것저것 실험해 볼 시간이 주어져서 오히려 더 좋다. 오르가즘에 도달하기까지가 성적 쾌락의 절반이라는 사실을 기억하자. 우리 부부는 결혼한 지 40년이 넘었기 때문에 거의 금기가 없다. 이제껏 살아오는 동안 서로를 더욱 깊이 신뢰하게 되어서 원하는 것은 무엇이든 실험해볼 수 있었기 때문이다.

**적은 것에서 더 많은 것을 얻자**

성생활에서 성관계의 횟수가 너무 과대평가되고 있는 경향이 있다. 통계에 따르면 결혼생활이 오래 지속될수록 성관계의 횟수는 줄어든다고 한다. 그러나 성관계의 질은 또 다른 문제이다. 부부는 '무조건 자주' 보다는 자신들에게 '알맞은 성관계 횟수'를 찾아야 한다. 그리고 기대감을 키우며 기다린다. 성관계를 갖고 난 뒤에는 이야기를 나누며 음미하는 시간을 갖는다. 얼마나 자주 갖느냐보다는 얼마나 즐거웠는지에 초점을 맞춘다. 우리 부부는 성과 노화에 관한 다음과 같은 평가가 매우 마음에 든다.

"내가 살아오면서 깨달은 것은 늙어갈수록 성관계 자체를 위한 성관계는 재미가 덜하다는 것입니다. 아내에 대한 사랑을 표현하는 방법으로 성관계를 사용할 때 즐거움의 극치를 맛보게 됩니다."

**체력관리를 계획에 따라 의도적으로 한다**

40대에 들어서면 몸이 마음같이 민첩하게 따라주지 않는 것을 체감한다. 스트레스와 10대 아이들과 잔디 손질 등이 에너지를 죄다 빼앗기 때문이다. 내가(클라우디아) 허리를 다쳐서 몇 달 동안 물리치료를 받아야 했을 때가 그 시기였다. 물리치료란 가벼운 아령을 들고 여러 가지 운동을 하는 것이었다. 물리치료를 하는 동안 허리만 나아지는 것이 아니라 멋진 몸매와 건강을 가꾸어가는 것을 보고는 데이브도 동참하고 싶어 했다. 오랫동안 죽어라 일만 해왔기 때문에 처음에는 운동에 많은 시간과 정성을 들이는 것 자체가 어색했다. 하지만 곧 얼마 안 지나 다양한 소득을 얻을 뿐 아니라 우리의 침실도 더 뜨겁고 즐거운 장소로 변해갔다.

빈 둥우리 시기에 즐겨야 할 애정생활이 살과의 전쟁 때문에 피해를 입는 경우가 많다. 텔레비전 광고를 보면 날씬한 노인들이 종종 등장하지만 나이가 들어감에 따라 몇 킬로그램의 체중이 느는 것은 어쩔 수 없다. 경우에 따라서는 수십 킬로그램이 느는 사람도 있다. 우리 부부와 가깝게 지내는 친구 레리가 한 이야기다. 하루는 아내가 자기 배를 보더니 이렇게 말했다고 한다.

"여보, 이건 결혼서약 위반이에요. 나는 당신과 결혼했는데 어디서 30킬로그램이나 더 데려 왔죠?"

레리는 조치를 취할 수밖에 없었다. 결국 2주 만에 10킬로그램을 뺐다. 저울 눈금이 몇 킬로그램을 가리키고 있든 규칙적으로 운동을 한다면 보다 건강하고 단단한 몸을 만들 수 있다. 우리 부부는 매주 서너 번씩 체력단련을 위해 함께 걷기운동을 한다. 나는(클라우디아) 걷기운동을 좋아하지만, 데이브는 날 즐겁게 하기 위해서 그리고 보다 활력 있는 애정생활을 위해서 한다. 이렇듯 걷기만 해도 건강을 유지할 수 있다. 솔직히 말해 몸에 힘이 넘치면 애정생활에도 그만큼 활기가 생기는 것은 사실이 아닌가? 여러분도 건강한 몸을 유지하기 바란다. 애정생활을 위해서라도 규칙적으로 걷고 운동을 해야 한다. 절대 후회하지 않을 것이다.

**병들었을 때나 건강할 때나**

나이가 들수록 건강에 문제가 생기기 마련이다. 그리고 건강 상태와 성생활 사이에는 밀접한 관계가 있다. 건강을 유지하기 위해 날마다 약을 복용해야 한다면 성생활에 영향을 미칠 수 있다. 의사에게 문의해야 한다. 성생활에 지장을 주는 장애들은 처방약을 바꾸거나 비아그라나 라비트라 등의 약물로 개선할 수 있다. 이 같은 약품의 도움이 필요하면 주저 말고 시도해보자. 의사에게 고민을 툭 털어놓고 이야기하고 나면 빈 둥우리 시기의 애정생활이 몰라보게 달라질 것이다.

부부가 성관계를 할 수 없는 경우에도 신체 접촉을 하자. 껴안고 있거나 몸을 가까이하고 함께 누워있거나 만져주거나 또는 다정하게 손을 잡음으로써 정서적인 친밀감을 형성하여 그 부족함을 메울 수 있다.

**성생활에 대한 솔직한 대화**
성관계에 관해서 침묵을 지켜왔다면 이제부터라도 허심탄회하게 대화를 나누기 바란다. 부부 사이에 서로 못할 이야기가 없지 않은가? 아무리 마음이 맞는 부부라도 성생활에 있어서 똑같은 방식을 좋아하는 경우는 드물고 같은 종류의 쾌락을 똑같이 즐기는 일도 거의 없다. 대부분의 부부는 서로 좋아하는 체위나 방식이 다르고 기대도 달라서 최선을 다해 만족스러운 중간 합의점을 찾아간다. 어떻게 해야 배우자를 즐겁게 할 수 있고 성적 친근감을 더욱 느끼는지 알아야 한다. 여성들은 신체적인 자극을 느끼려면 먼저 정서적으로 흥분되어야 한다. 반대로 남성들은 신체적으로 자극되어야 정서적인 친밀감을 느낀다. 그렇다면 어떻게 해야 상대방이 원하는 것을 알 수 있을까? 직접 이야기를 나누어야 한다. 그러나 자신이 원하는 것과 요구하는 것에 관해서 이야기를 꺼내는 것은 쉽지 않다.

성관계에 관해서 드러내놓고 말하는 것 자체가 배우자와 나누는 가장 친밀한 행위 중 하나이다. 때문에 신뢰와 무조건적인 사랑과 용납을 바탕으로 한 편안한 분위기 속에서 말을 꺼내야 한다. 무엇을 원하는지, 얼마나 대담하게 할 것인지는 부부가 서로 다름을 인정해야 한다. 배우자가 자신이 원하는 것을 말하기 쑥스러워하거나 주저할 때는 기다려주고 너그럽게 받아들여야 한다. 물론 배우자가 원치 않는다면 강요하거나 고집해서는 안 된다.

우리 부부의 경우, 힘들었던 것 중 하나가 서로의 기대에 대해 오해하고 있을 때였다. 이와 같은 오해는 대화를 나누지 않아서 생긴 것이다. 성관계에 대한 은밀한 대화를 나누기 위해서는 다음과 같은 점을 유의해야 한다.

**자신의 욕구를 솔직하게 말해야 한다**
성관계의 기술과 쾌락을 발전시키는 데 가장 필요한 것 두 가지를 꼽는다면, 상대방의 말을 가슴으로 들어주는 것과 관계를 갖는 동안 이야기를 나누는 것이다. 관계가 아무리 활발해도 말 한마디 나누지 않는다면 애정생활의 매우 중요한 부분을 놓치는 것이다. 여러분이 좋아하는 것을 배우자에게 꼭 이야기하기 바란다. 물론 몸으로도 표현할 수 있지만 말로 하는 것만 못하다. 아무도 여러분의 마음을 정확하게 읽을 수 없기 때문이다. 기대하는 것이 서로 다르다고 해서 놀랄 것은 전혀 없다. 구체적으로 자세하게 이야기해야만 서로 필요로 하는 것과 원하는 것을 잘 이해할 수 있다.

부부관계의 은밀한 부분에 대해서 터놓고 이야기를 나누기 어렵다면 존 그레이의 『침실의 화성인과 금성인(Mars and Venus in the Bedroom)』이나 케빈 레만의 『이불과 요의 화음(Sheet Music)』을 읽는 것도 좋다. 책을 함께 읽으면 부담 없이 솔직한 이야기를 꺼낼 수 있을 것이다. 어떤 것까지 털어놓고 이야기하게 될지 아무도 모를 일이다.

자신의 기대에 관해서 말을 꺼낼 때에는 다음과 같은 빈칸 채우기 문장들을 사용해보자.

* 친밀감과 은밀함에 대해서 생각할 때 나는 항상 (           )
* 내가 가지고 있는 성적인 열망은 (           )
* 내가 가장 만족스러울 때는 당신이 (           )

* 우리 사이에 성적 교감이 가장 완전하게 일어날 때는 우리가 (                    )

## 구체적으로 이야기하자

성관계에서 무엇을 원하는지를 이야기할 때는 구체적이어야 한다. 사랑을 느끼게 하는 요소들의 항목을 만들어보자. 그리고 성관계에 얼마만큼의 시간을 배정할지 등 구체적인 문제가 발생할 때마다 충분히 이야기를 나누어야 한다.

　구체적으로 이야기를 나누기가 어려울 때는 우리 부부가 『부모들의 애정생활(Love Life for Parents)』에서 '사랑의 뷔페'라고 부르는 성생활 메뉴를 참고하기 바란다. 여러분은 메뉴에서 근사하다고 느끼는 것들을 마음대로 고를 수 있다. 메뉴에 없더라도 자기가 원하는 것을 쪽지에 써서 배우자에게 주문할 수도 있고, 대접하고 싶은 '음식'을 말해줄 수도 있다. 부부가 똑같은 애피타이저를 원하지 않을 때에도 메뉴를 통해 고른다면 각각 자기가 원하는 것을 선택할 수 있을 것이다. 매번 느긋하고 만족스럽게 일품요리를 즐길 수는 없겠지만 성생활 메뉴를 만들어 사용한다면 만족스럽고 균형 잡힌 성생활 식단을 즐길 수 있을 것이다. 다음과 같은 요리들은 어떤지 살펴보자.

　* **애피타이저** – 애피타이저는 식욕을 불러일으키는 음식이다. 성적인 자극을 주어서 하고 싶은 마음을 일으키고 본격적인 성관계로 들어가게 한다. 애피타이저로는 10초 키스, 등을 부드럽게 주무르기, 자필로 쓴 사랑 노트, 줄기가 긴 장미꽃 한 송이 등을 생각할 수 있다. 애피타이저는 관능적인 분위기를 만들어주며 오직 쾌락만을 위한 단도직입적인 성관계를 막아준다.

* **스낵과 패스트푸드** – 스낵은 애피타이저와 비슷하나 성관계로 이어질 가능성이 더 높다. 스낵으로는 한 배우자가 상대방을 일방적으로 즐겁게 해주는 행위들, 아무런 요구 없이 십분 동안 부드럽게 만져주기, 시간이 없을 때에 하는 약식 성관계 등을 생각할 수 있다(약식 성관계란 한 배우자가 너무 지쳐서 마음이 동하지 않을 때라도 상대방을 위해서 응하는 짧은 성관계를 말한다.). 때때로 이런 패스트푸드를 이용하면 겉으로만 흥분한 채 가장할 필요가 없어서 좋다. 그러나 패스트푸드를 너무 자주 먹으면 건강에 좋지 않다는 것을 잊지 말자.

* **메인 코스** – 메인 코스는 부부관계에 필요한 에너지와 힘을 공급하며 깊은 욕구를 만족시켜 준다. 그러나 메인 코스는 치밀한 계획이 필요하다. 메인 코스로는 방해받지 않고 성관계를 즐길 수 있는 하루저녁이라든가 낭만적인 하룻밤의 외박을 들 수 있다. 또는 각각 따로 차를 타고 나가서 아늑한 식당에서 만나 애피타이저를 즐기고 난 후 메인 코스를 본격적으로 먹기 위해 약속한 호텔에서 다시 만나는 것도 좋다.

* **디저트** – 디저트는 메인 코스의 미흡한 부분을 채워서 마무리하기 위한 음식이다. 디저트는 가벼운 것도 좋으나 필요에 따라서는 별미나 특식이어도 무방하다. 성생활에서 디저트는 친밀감을 더 깊게 해주고 경우에 따라서는 다시 메인 코스로 진입하게 해줄 것이다. 물론 디저트는 디저트일 뿐 다시 성관계로 이끌지 않는 경우도 많다. 디저트로는 성교 후 십분 정도 서로 가볍게 애무해주거나, 담요 위에 함께 누워서 별빛을 바라보거나, 잠들기 전까지 팔베개를 하고서 껴안고 누워있을 수도 있다.

상상력을 마음껏 발휘해서 자신만의 성생활 메뉴를 만들어보기 바란다. 빈 둥우리에서 벌이는 사랑의 축제를 치밀하게 계획해서 즐기기 바란다. '성탁'을 촛불로 밝히거나 다정한 음악, 자극적인 향수, 꽃, 비단 잠옷 등으로 꾸며도 좋을 것이다.

**사랑의 액셀을 밟아보자**
이제 노화에 관한 이야기를 마치고 성생활에 관해 서로 터놓고 이야기하게 되었으므로 애정생활을 한 단계 업그레이드해서 제2의 신혼기를 시작하자.

맨디와 필은 다운타운에서 일을 한다. 그들은 때때로 점심시간에 모델에서 만나 싸온 피크닉 도시락을 먹으면서 은밀한 시간을 함께 보낸다. 또 다른 부부는 예산이 빠듯해서 오후 휴식 시간에 주차장에 있는 차에서 만나 가볍게 껴안거나 키스로 서로에 대한 사랑을 즐긴다.

모험을 두려워하지 말자. 물론 자연스러워야 한다. 늦은 밤 잠들기 전에만 성관계를 가져왔다면 아침에 시도하는 것도 좋다. 하루쯤은 직장에 늦게 출근하겠다고 연락하고 힘이 넘쳐나는 아침의 두 시간을 만끽하기 바란다. 한낮에 즐기는 계획도 세워보자. 그 시간을 손꼽아 기다리면 전화벨만 울려도 짜릿한 만남이 생각나서 온몸을 떨게 될 것이다. 다양한 시도로 맛과 식욕을 돋우자. 끊임없이 노력하는 생활을 생활화하자.

빈 둥우리 시기는 어린아이로 돌아가는 좋은 기회이다. 우리는 자신과 배우자에 대해 너무 심각하게 받아들이곤 한다. 또 대부분 너무 서두른다. 여유를 가지고 느긋하게 즐겨야 한다. 에로틱한 분위기를 만들기 위해서는 어떻게 해야 하는지 기억하자. 분위기를 만드는 데만 성공해도 이미 절반의 즐거움은 맛본 것이다. 이미 길들어있는 패턴을 깨트리기 위해서는 어떻게 해야 할까? 예산이 부족하면 부족할수록 독창적이어야 한다. 우리 부부와 가깝게 지내는 한 부부는 야영을 즐긴다. 어떤 부부들은 집이나 콘도를 서로 하룻밤만 바꾸어 지내기도 한다. 자녀들을 출가시킨 부부가 휴가를 떠나는 동안 집을 빌려서 지내도 좋다.

인터넷을 뒤져보면 할인 여행 패키지를 찾을 수 있다. 최근 우리 부부는 플로리다의 올랜도에 있는 피보이 호텔에서 이틀 동안 호화로운 휴식을 취했다. 그만한 여유가 있었던 것은 아니었다. 인터넷에서 여행 패키지를 찾다가 항공요금과 호텔숙박비를 다 합쳐도 일반항공 요금에도 못 미치는 아주 값싼 상품을 발견했기 때문이다. 'travelocity.com'나 'orbitz.com' 또는 'google.com' 사이트에서 검색해보면 원하는 여행 패키지를 저렴한 가격으로 구입할 수 있다.

예상치 못한 행동도 사랑의 분위기를 조성하는 데 도움 된다. 우리 부부와 가깝게 지내는 한 친구의 독창적인 경험담을 들어보자.

"우리 부부가 최근에 만들었던 매우 즐거운 추억을 이야기해볼게요. 우리는 애정 전선에 다시 불을 지피기 위해서 데이트 여행을 떠날 준비를 하고 있었어요. 그런데 그때 기막힌 아이디어가 머리를 스치고 지나갔어요. 아시다시피 얼마 전까지만 해도 노트북을 보안 검색대에서 통과시키려면 노트북을 꺼내서 진짜 노트북이라는 것을 보여주어야만 했잖아요? 나는 데이트 여행으로 기분이 들떠서 내 레이스 달린 망사 팬티를 남편 렉스의 노트북 화면과 자판 사이에 끼워 넣었어요. 원래 계획은 남편이 검색대 앞에서 노트북을 열 때 내가 '어머, 미안해요. 내 노트북에다 넣는다는 걸 그만 잘못 넣었네요.' 하고서는 내 노트북가방에 팬티를 집어넣는 것이었어요. 그런데 요즘은 기술이 발달되어서 노트북을 안 열어보여도 되더군요. 그래서 친정에 '무사히' 도착했는데 마침 동생 남편도 비즈니스 차 들러서 저녁식사에 왔더군요. 남편은 동서에게 새로 산 노트북을 자랑한다고 확 열었어요. 남편은 순간 매우 당황하긴 했지만 '여보, 선물 고마워.' 라며 내게 윙크를 했어요. 내 작은 선물은 그 후 우리 데이트 분위기를 완전히 살렸어요."

데이트 길잡이의 여섯 번째 데이트를 펴고서 사랑과 친밀감과 성생활에 관해서 즐거운 대화를 시작해보자.

여섯 번째 데이트 **다시 피는 사랑의 봄**

일곱번째 데 이트

# 확대가족 사랑

**사만다는 결혼생활 후반전** 세미나에서 다음과 같은 이야기를 들려주었다.

"잭과 나는 빈 둥우리를 즐기기 위해서 너무나 기다렸어요. 막내 아이가 대학 기숙사로 떠났을 때 우리는 둘만 다시 남게 되어서 기뻤어요. 특히 우리만의 집을 완전히 되찾게 되어서 좋았어요. 그 공간들을 하나씩 우리의 성생활을 위한 무대로 만들어갔어요. 부엌이든 서재든 현관, 마루든 가리지 않고 어디서나 마음껏 사랑을 즐겼어요. 아이들이 방문해서 머무는 동안에는 조심했지만 그들이 떠나고 나면 다시 우리만의 세상이 되었어요. 그러던 어느 날 큰딸의 가족이 우리 동네로 이사 오게 되었어요.

처음에는 반가운 마음뿐이었어요, 그런데 어느 날 큰딸이 연락도 없이 열쇠로 문을 열고 갑자기 들이닥쳤을 때에야 비로소 큰딸의 이사가 얼마나 큰 사건인지 깨닫게 되었어요. 자세히 말 안 해도 우리 모두 다 얼마나 어색해 하고 당황했는지 짐작이 갈 거예요. 하지만 우리는 에덴동산을 포기하고 싶지 않았어요. 그래서 암소의 목에 다는 종을 사다가 부엌문에 달

앉어요. 그리고서 딸에게 말했지요. '네가 오고 싶으면 아무 때나 와도 좋다. 하지만 문을 열기 전에 종을 치고 들어오려무나.'"

갑자기 들이닥치는 아이들이나 손자, 손녀들만 빈 둥우리 시기의 부부 사랑에 스트레스를 주는 것은 아니다. 성인 자녀들 중에는 집으로 다시 들어와 살거나 처음부터 집을 떠나는 시간을 늦추는 경우도 있다. 다른 한편으로는 부모, 조부모, 친척들도 부부의 사랑에 주름을 만든다.

## 자신의 뿌리를 이해하자

여러분의 가계도를 살펴보라. 여러분의 가정은 든든한 가계도에 튼튼히 뿌리를 내리고 있는가? 만일 그렇다면 큰 축복이다. 여러분이 어렸을 때부터 성장해온 가정은 배우자의 원 가족과 어떻게 다른가? 부모님, 조부모님이 살았던 경험으로부터 세상을 살아나가는 데 어떤 이득을 얻었는가? 또는 그 경험으로 어떤 어려움을 극복해야 했는가? 부모님과 조부모님에게서 어떤 긍정적인 성격들을 물려받았는가?

이제 자신의 가정으로부터 뻗어나간 가지들, 즉 자녀들과 손자손녀들을 생각해보자. 그들에게는 어떤 장점들을 물려주었는가? 여러분은 그들로부터 어떤 영양분들을 공급받았는가? 그 가지들이 어떤 그늘과 기쁨들을 제공해왔는가?

가계도를 통한 이와 같은 교류는 긍정적이기도 하지만 스트레스를 줄 때도 많다. 따라서 가족이 빈 둥우리 부부에게도 큰 영향을 미치는 것은 당연하다. 아이들이 모두 집을 떠났다고는 하지만 그들을 향한 관심마저 떠난 것은 아니다. '그들의 물건이 지하실에 쌓여있는 한 빈 둥우리는 아니다'라고 쓰인 티셔츠를 본 적 있을 것이다. 자녀들이 집을 떠나기 시작할 때가 바로 부모들이 건강 문제 등으로 도움을 필요로 하는 시기일 때가 많다.

여러분의 뿌리가 고통을 겪거나 가지가 사나운 바람에 휘둘릴 때 어떻게 해야 부부관계를 탄탄하게 할 수 있을까? 이제 뿌리와 가지들의 관계를 어떻게 개선해야 가족이라는 나무가 보다 튼튼히 자랄 수 있는지, 그 방법들을 알아보자.

## 가지들과의 관계

성인 자녀들과 어떤 관계를
발전시켜가야 할 것인가?

2장에서 우리는 자녀 중심의 삶으로부터 배우자에게로 그 초점을 옮겨야 한다고 말했다. 이와 같은 원리는 성인 자녀들과의 관계를 발전시킬 때 이보다 더 중요할 수 없다. 우선 우리는 성인 자녀들의 삶에 간섭할 길이 거의 없다는 사실을 인정해야 한다. 어느 정도 조종할 수 있는 기회가 오더라도 스스로에게 물어보아야 한다.

"이것이 현명한 방법인가? 정말로 간섭하기를 원하는가?"

굳이 조종하려고 들지 않더라도 현재의 관계를 통해서 긍정적인 영향을 미칠 수는 있을 것이다. 섣부른 간섭으로 성인 자녀들과의 관계가 멀어지고 연락도 잘 안 하게 된다면 그나마 자녀에게 미치던 영향력도 완전히 사라지게 될 것이다.

현실적인 시각에서 성인 자녀들과의 관계를 만들어가자. 과거의 상처나 불화 때문에 그들과의 관계에 자주 먹구름이 끼는가? 물론 완벽한 부모는 없다. 마찬가지로 자녀들도 완벽하지 않다. 누구나 실수와 잘못을 저지르며 살아간다. 아이들이 어떻게 자라기를 바랐는가? 어쩌면 아이들은 엄청난 가능성을 가졌음에도 여러분이 원하는 방향으로 꽃피우지 못했을 수도 있다. 하지만 이제는 모두 흘려보내고 자녀들이 스스로 시행착오를 거쳐서 성장하도록 놔두어야 할 때이다. 그리고 자녀들이 다시 빈 둥우리로 찾아와서 도움을 구한다면 더 이상 예전처럼 전적으로 의존하지 않으면서도 도움을 얻어가게 할 수 있지 않을까?

**엄마 아빠 나 돌아왔어**
어떤 자녀들은 잠깐 들른 것이 아니라 한동안 눌러 살려고 마음먹고 돌아온 경우도 있다. 직장을 잃거나 배우자와 이혼하여 걸음마하는 어린아이까지 데려와서 빈 둥우리에 들어앉기도 한다. 경제적 쪼들림에 시달리거나 범죄로 들끓는 도시생활이 위험해서 안전한 부모의 품으로 돌아오는 경우도 적지 않다. 13,000 이상의 가정을 대상으로 실시한 한 연구조사에 따르면 25%의 가정이 일단 떠났다가 다시 돌아온 자녀들과 함께 산 적이 있으며, 그중 10%는 두 번 이상 다시 돌아왔다. 이 자녀들은 대부분 1년에서 2년 동안 부모 집에서 머문 것으로 나타났다. 그리고 자녀 없이 이혼한 20여명의 여성들 중 3분의 1이 부모에게로 돌아와서 함께 산 적이 있다. 이들은 결혼한 지 3년 안에 이혼한 것으로 나타났다.

　　빈 둥우리가 돌아온 자녀들로 채워지면 부부관계에 스트레스가 쌓일 것은 불 보듯 뻔하다. 돌아온 아이들과 어떻게 관계를 이뤄나가야 할지 알아보자.

**돌아온 성인 자녀들과는 어떻게 지내야 하는가?**
성인 자녀들이 빈 둥우리로 다시 찾아드는 이유로는 매우 힘든 상황에서부터 긍정적인 원인까지 천차만별이다. '돌아온 성인 자녀들과 함께 살기'가 얼마나 순조로울지는 아이들이 돌아왔을 때 부부관계가 얼마나 건강한

가에 달렸다. 부모와 자녀 사이뿐만 아니라 부부 사이에도 분명한 의사소통이 이루어져야 하고 현실적인 계획을 세워야만 서로 잘 적응할 수 있다. 다음과 같은 여섯 가지 방법들을 살펴보자.

1. **계획을 세운다.** 자녀에게서 방세를 받을 것인가? 자녀가 직업을 가지고 있다면 명목상으로라도 방세와 생활비를 조금 받는 게 서로 편할 것이다. 그래야만 보다 쉽게 다시 독립해서 나갈 수 있을 것이다. 성인 자녀를 어느 방에서 지내게 할 것인가? 될 수 있으면 다른 층, 따로 독립된 방에서 살게 하는 것이 좋다. 각자의 공간을 어느 정도 확보해야만 부딪치는 일도 적다. 전화를 하나 더 개설하거나 휴대폰을 사용하게 하는 것도 집안의 평화를 유지하는 데 좋다. 장거리 전화를 할 때는 전화카드를 쓰라고 권한다. 전화통신사에서 제공하는 가격보다 훨씬 저렴하게 이용할 수 있다.

2. **처음부터 머무는 시한을 정한다.** 옮겨오기 전에 구체적으로 언제까지 머무르겠다는 약속을 받아둔다. 만약 1년으로 정했다면 "그래, 그렇게 해. 1년은 머물러도 좋아. 그러나 2년 이상은 절대로 안 된다."라고 다짐을 받아두는 것이 좋다. 이사를 가는 날은 대개 어떠한 요인에 달려 있다. 만일 자녀가 학교에 다닌다면 졸업을 해야만 떠날 수 있을 것이다.

3. **집안에서 지켜야 할 규칙들을 분명하게 정한다.** 호텔에 묵는 것이 아니다. 그러므로 집안일도 적절하게 분담을 해야 한다. 청소, 식사 준비, 세탁, 잔디밭 손질 등 가사를 성인 자녀와 공평하게 나눈다. 집안환경을 유지하는 데 일조해야 한다. 자동차를 어떻게 사용할지도 미리 정해두고, 걸음마하는 손자손녀가 있을 때는 누가 언제 돌볼지 계획을 짜야 한다.

4. **독립하도록 돕는다.** 성인 자녀들에게 자신의 잘못된 선택으로 인한 책임을 스스로 지도록 가르쳐야 한다. 우리도 실수를 통해 배우듯이 성인

자녀들도 자신의 실수로부터 교훈을 얻도록 도와야 한다. 아이들이 잘못을 저질러 어려운 지경에 빠질 때마다 부모들이 대신 처리한다면 장기적으로 아무런 도움이 안 된다. 아이들의 문제를 마치 자신의 것인 것처럼 서둘러서 해결해준다면 결국 아무것도 못 배운다. 어려움에 처한 아이들의 곁에 있어주는 것은 당연하지만 절대로 개입해서는 안 된다. 스스로 헤쳐 나갈 수 있다는 신뢰의 눈으로 지켜보면서 성원해야 한다. 지지하는 것은 좋지만 지시해서는 안 된다.

"내가 뭐랬니? 그렇게 될 거라고 말했잖아!"

이렇게 소리치는 것은 절대로 안 된다.

**5. 공통적으로 가진 것을 즐겨라.** 성인 자녀와 다시 함께 사는 것은 자녀들과 보다 깊은 정을 쌓아가는 좋은 기회이다. 아이들을 키울 때 모든 힘은 부모에게 있었다. 물론 지금도 얼마든지 지시하고 명령할 수 있다. 하지만 그것은 자녀를 위해 좋지 않다. 성인 자녀들이 옮겨오기 전에 앞으로 어떻게 함께 살지 계획을 미리 짜고 그 계획에 대한 동의를 얻는다. 공통되는 관심사를 찾는다. 예를 들어서 함께 즐길 수 있는 취미를 골라서 강습을 받는 것도 유익하다.

**6. 부부 데이트에 최우선권을 부여한다.** 성인 자녀들이 집으로 돌아오면 배우자에 대한 관심은 예전처럼 뒷전으로 물러날 가능성이 높다. 데이트하는 날, 이를테면 금요일 밤은 부부가 단둘이서 데이트를 즐기는 날이라는 사실을 자녀들에게 명시해야 한다. 매주 금요일 밤에는 부부가 함께 무엇을 할지 구체적으로 계획을 짜야 취소하기도 힘들다. 그날 데이트에는 자기 자신들의 부부관계, 공동의 관심사, 함께 세운 계획 등에 대화의 초점을 맞추어야 한다. 될 수 있는 대로 자녀들 이야기는 피한다.

**가계도가 확장될 때**

자녀들이 결혼을 하면 가족의 규모가 커지고 가족관계가 복잡해진다. 이 모든 관계들이 부부관계에 영향을 미친다. 시댁이나 처가 식구들과 원만한 관계를 이루기 위해서는 다음과 같은 점들을 유의해야 한다.

* 양가 부부가 함께 관계를 발전시키는 것이 좋다. 단독으로 만나는 것보다 부부끼리 만나는 것이 훨씬 즐거운 관계로 만들 수 있다.
* 부부가 함께 방문하되 너무 자주 또는 너무 오래 머무는 것은 좋지 않다.
* 손자손녀들은 자기 부모(자녀들)가 훈육하도록 맡겨야 한다.
* 충고하고 싶어도 참는다.
* 여러분과 자녀들은 서로 다른 인생의 단계를 지나고 있다. 따라서 목표도 다르다는 사실을 받아들여야 한다.
* 사소한 짜증은 참는다.
* 손자손녀들과 따로따로 관계를 키워간다.
* 성인 자녀의 직업, 취미, 활동에 관심을 갖는다.
* 방문할 때는 그 집안과 조화를 이룰 수 있어야 한다. 끼어들 때, 도와줄 때, 손님으로서 한발 물러설 때를 잘 판단해서 처신해야 한다.

# 뿌리와의 관계
부모와의 관계를 늘 개선해나간다

빈 둥우리 시기에는 집을 떠났던 성인 자녀들이 다시 돌아오기도 하지만 연로한 부모들이 건강 문제로 또는 외로움에 함께 살기를 원해서 집에 들어와 사는 경우도 많다. 우리가 했던 한 설문조사에서 어떤 주부가 다음과 같이 답변했다.

"나의 경우는 연로하신 부모님들을 포함해서 주위 모든 사람에게 도움과 보살핌을 베풀기만 하다 보니 감정이 메말라버려서 우리 부부관계에도 영향을 미치는 것을 느낍니다. 힘든 하루를 보내고 나면 기운이 쭉 빠져서 남편과의 관계를 돌볼 여력이 없습니다."

32세의 한 기혼 남성은 이렇게 답했다.

"부모님을 돌보다 보니 노후대비로 모아놓은 돈이 줄게 될까 두렵습니다. 불안한 생각이 자꾸 듭니다."

연로한 부모님들과 합치면 좋은 점도 있지만 어떨 때는 문제가 생기기도 한다. 레슬리는 일 년 반 동안 시어머니와 함께 살았던 경험을 이야기했다. 남편 테일러와 대학을 다니는 딸, 이렇게 넷이서 함께 살았는데 시어머니가 말끝마다 조언과 충고를 하시는 바람에 도움도 많이 됐지만 스트레스 또한 엄청났다는 것이다.

레슬리는 말을 이었다.

"가장 힘들었던 점은 우리 부부가 딸에게 이야기해서 이미 끝난 일을 시어머니가 반대하셔서 딸도 동의한 일을 뒤집어엎을 때였습니다. 딸은 딸대로 혼란스러워 어떻게 해야 할지 몰랐고 나는 나대로 어떻게 해야 할지 몰라서 짜증이 났습니다. 시어머니와 함께 살게 된 것은 건강이 나빠지셨기 때문이었습니다. 테일러가 외아들이라 우리가 모시게 되었는데 모든 짐은 내가 떠맡았습니다. 남편은 업무상 출장이 잦았습니다. 게다가 그는 나와 함께 출장에 가길 원했습니다. 하지만 나는 '여보, 나도 같이 가고 싶어요. 하지만 집에 누군가 남아서 어머니 시중을 들어야 하지 않아요?' 라고 대답할 수밖에 없었지요.

벌써 옛날이야기네요. 한번은 남편이 하도 졸라서 따라가겠다고 승낙했어요. 어머니를 돌볼 사람을 구해놓고 함께 떠났지요. 그리고 나니까 왜 진작 안 했을까 후회가 되더라고요. 누군가를 돌보는 사람에게도 자신을 돌봐줄 누군가가 필요하다는 것을 그제야 깨달았습니다. 돌보는 사람의 부부관계도 도움이 필요하고요.

일 년 반쯤 뒤, 우리는 이사를 가면서 어머니가 사실 작은 집을 우리 집 바로 옆에 마련했어요. 날마다 보살펴드릴 사람도 고용했고요. 사는 게 훨씬 나아졌습니다. 남편 테일러와의 관계도 좋아졌고요."

어떤 상황에 처했든 여러분의 부부관계도 연로하신 부모님들의 영향을 받을 수 있다. 그 영향으로 인해 긍정적인 결과를 얻을지, 반대일지는 그 상황 자체보다는 여러분 자신에 달렸다. 부정적인 상황에서도 부부가 함께 적절한 해결책을 찾다보면 부부관계가 더욱 친밀해질 수 있다. 부모님과의 관계는 부부관계에 여러 면에서 영향을 미친다. 그중에서도 가장 어려운 것은 연로하신 부모님의 건강을 돌보는 일이다. 이러한 부부들은 다음과 같은 점을 유의하자.

## 돌보는 사람들에게 줄 수 있는 도움

**위기가 발생하기 전에 대비한다**
여러분의 부모님께서 앞으로 어떻게 살기를 원하는지, 도움이 필요할 때는 어떻게 하고 싶어 하시는지, 부모님의 가정 주치의가 누군지, 건강 상태는 어떠하신지 잘 알고 있는가? 부모님들의 장래 건강 문제에 관해서 이야기를 나누기 가장 좋은 시기는 아직 부모님께서 건강하실 때이다.

**건강 보험에 관해서 이야기를 해둔다**
이와 같은 이야기를 부모 앞에서 꺼내기가 힘든 게 사실이다. 하지만 어떤 건강보험을 들었는지, 그 혜택은 어떠한지 정확하게 알아야 한다.

### 얻을 수 있는 자원들을 모두 알아본다

병원마다 운영하는 사회봉사과를 찾아가 도움 받을 수 있는 기관들을 알아둔다. 노인복지회나 종교봉사단체에서도 도움을 얻을 수 있다. 여러 가지 봉사·오락 프로그램을 마련하고 노인들만 전문적으로 보살펴드리는 기업들도 있다. 주변 친구나 친척에게도 주저 말고 도움을 요청한다.

### 지지 집단을 찾는다.

돌보는 사람들이 가장 큰 도움을 필요로 한다. 건강해야만 돌볼 수 있기 때문이다.

### 휴식할 수 있는 시간을 낸다.

우리는 하루 24시간 꼬박 자지 않고 일할 수 있는 천사가 아니다. 쉴 공간과 시간이 필요하다. 충분한 수면과 휴식을 취해야 한다. 돌보는 사람을 도와 줄 사람들을 확보해야 한다.

## 뿌리와 가지들
### 양쪽 세대들을 모두 돌봐야 하는 경우

이제까지 살펴보았듯이 가지뿐 아니라 뿌리도 여러분들의 부부관계에 영향을 끼치고, 걱정과 짜증 지수를 상승시킬 수 있다. 사랑하는 가족들이 스트레스를 주거나 별생각 없이 상처를 줄 때 어떻게 하면 그들에 대한 사랑을 깨뜨리지 않고 용납할 수 있을까? 가족의 생일을 깜빡 잊고 못 챙겼다고 해서 부부관계마저 우울해질 필요가 있을까? 가족 중 한 사람이 여러분을 기죽이기 위해서 비열하게 공격했다고 하자.

"전에는 날씬하셨는데……. 낸시 리처럼 몸매 관리를 하고 싶지 않으세요? 그분은 연세가 쉰인데도 전혀 서른다섯을 넘겨 보이지 않거든요."

우리는 상대의 부정적인 비판에 쉽게 무너진다. 자기도 모르는 사이에 배우자에게 분풀이를 한다. 가족이 여러분을 세워주기는커녕 넘어뜨리려고 할 때 중심을 잡고 흔들리지 않으려면 다음과 같은 점들을 유의해야 한다. 우리 부부의 『친척들과 마주치지 않으면서도 그들을 사랑하는 방법(Loving Your Relatives-Even when You Don't See Eye-To-Eye)』에서 발췌했다.

**가족에 대한 기대를 현실화한다**

가족에 대해 무슨 생각을 하는가? 사람들마다 얼굴에 행복한 미소를 짓고 있는 노만 록웰의 그림처럼 비현실적인 기대를 하지는 않는가? 아니면 만나기만 하면 싸울 것 같아 아무런 기대도 안 하는가? 이와 같은 비관적인 기대는 기대하는 그대로 이루어지는 경우가 많다. 가장 좋은 것은 확대 가족을 있는 그대로의 모습으로 받아들이는 것이다.

우리 부부는 확대 가족과 이틀 이상 함께 지낼 때에는 우리 둘만의 시간과 공간을 반드시 확보하려고 노력한다. 둘이서만 해변으로 산책을 가거나, 머물고 있는 동네의 공원을 이리저리 거닐며 이야기를 나눈다. 지난 해에 우리 집안 온 가족이 머물렀던 바닷가 민박 동네에는 집집마다 별명이 있었다. 아마도 그 집에 묵었던 빈 둥우리 부부와 가족들이 붙여주고 간 것으로 보였다. 이 별명에는 그들이 가지고 있는 가족에 대한 기대가 그대로 반영된 것 같아 흥미로웠다.

꿈을 나누던 둥우리

기품 있는 시간

영원한 기쁨

두 번째 바람

서로를 확인하다

피곤해서 잠깐 주저앉음

마음의 열망

믿어야 할 이유

배꼽 분실소

마음을 가라앉히다

이러한 이름들이 확대가족과 함께 지내면서 나누는 관계를 그대로 표현하고 있다면 더 이상 바랄 게 없겠다. 하지만 현실적으로는 확대가족을 있는 그대로 이해하고 받아들이는 것이 더 중요하다. 확대가족과 나누는 관계는 행복에 푹 빠질 때도 있지만 머리꼭대기까지 스트레스가 쌓일 경우도 있다. 그러나 가족이니까 서로 용서하고 받아들이면 서로 간의 거리를 좁힐 수 있을 것이다. 힘든 시간들을 무사히 통과하기 위해서는 원활한 의사소통이 반드시 필요하다.

**잡담만 하다가 헤어질 것이 아니라
사랑 안에서 진실을 나누는 시간들을 갖는다**

가족이 모이면 가볍고 즐거운 잡담도 필요하다. 때로는 잡담만 하다가 헤어져도 행복하다. 항상 대화가 깊은 의미가 있어야 하는 것은 아니다. 가족 사이에 갈등이 일어났을 때도 침묵보다는 잡담이 낫다. 때로는 깊은 대화보다 더 나을 때도 있다. 깊은 대화를 잘못 나누다가는 이야기가 잘못된 방향으로 흐르는 경우도 있기 때문이다. 그러나 만날 때마다 잡담만 나누다가 헤어지면 관계가 피상적인 상태에 머물고 깊이가 없게 된다. 하지만 사랑 안에서 보다 깊은 주제를 놓고 솔직하게 이야기를 나누기 위해서는 3장에서 다루었던 의사소통 기술들을 가족들과의 만남에서 사용해야 할 필요가 있다. 모든 발언을 '나'로부터 시작해야 한다. '너는' 또는 '왜'로 말을 꺼내서는 안 된다는 것을 기억해두자.

### 의견이 다를 때에는 공손하고 차분한 태도로 분명하게 이야기를 해야 한다

때로는 가족 모두 다 서로 의견이 다를 수 있다. 의견이 통일되지 않고 분분할 때는 예의 바르고 침착한 태도로 분명하게 자기 의견을 이야기해야 한다. 우리는 확대가족도 가족이므로 늘 사랑하고 친밀해야 한다고 생각한다. 그런 비현실적인 기대는 버려야 한다. 확대가족은 절대로 핵가족처럼 가까울 수 없다. 다만 공손하고 차분한 태도를 유지할 수는 있다. 이와 같은 기본 원리만 잊지 않는다면 가족 모임이 훨씬 행복하고 즐거워질 것이다.

### 함께 지낼 때는 화합하려고 노력해야 한다

온 가족이 함께 모이면 즐겁고 행복하지만 종종 어려운 문제가 일어나기 마련이다. 가지가지 성격의 사람들이 한곳에 모였으니 그럴 수밖에 없다. 서로가 어떻게 어울리는가는 사람들 사이의 역할 관계에 달려있기도 하지만 다음과 같은 사항만 잘 지킨다면 가족 간의 보다 완전한 화합을 이루는 데 도움이 될 수 있다.

* 즐거움의 촉매제가 되라. 온 가족이 함께 모여 지내다보면 때로는

분위기가 가라앉을 때도 있는데 이때를 대비하여 미리 머리를 맞대고 함께 즐길 수 있는 활동 목록을 만들어 두자. 게임, 스포츠, 흥미로운 이야깃거리, 책, 퍼즐, 비디오, 가벼운 관광코스 등을 준비해두면 서로 무료하게 쳐다보며 잡담으로 소중한 시간을 허비하지 않을 것이다.

* 신체적인 욕구를 고려한다. 온 가족이 함께 모여 즐길 때는 수면 시간과 식사가 가장 중요하다. 우리 가족 중에는 채식주의자들이 있기 때문에 치즈와 빵을 항상 준비해두고 있다. 침대가 충분치 않을 때는 공기 매트리스를 사용해도 좋다. 우리 손자손녀들은 좋아하는 색깔의 방석들을 가져다가 마음에 드는 구석에 깔아놓고 떠들며 놀다가 꿈나라로 떠난다.
* 조력자들을 모집한다. 예를 들어서 식사를 준비할 때 식구들이 함께 만들면 힘도 덜 들고 즐겁고 온 가족이 하나 되는 데 유용하다.
* 휴식 시간을 갖는다. 부부 둘이서만 함께 있는 시간을 만든다. 우리 부부는 차와 과자를 가지고 침실로 들어와 시간을 보낸다. 때로는 잠깐 낮잠을 자기도 한다. 가족들과 함께 보내는 시간이 힘들고 어려울 때도 있지만 자연스런 흐름에 맡기면서 사랑을 나누며 즐거운 추억을 쌓아가려고 노력한다.

어려운 문제들을 함께 풀어가며 변하지 않는 것들은 그대로 받아들인다 아무리 힘든 일이 생겨도 삶은 계속된다는 사실을 기억하자. 어려운 문제를 만날 때는 다음과 같은 점들을 유의한다.

* 근거 없는 죄의식을 버린다. 사람들이 원하는 것마다 다 들어줄 수는

없다. 할 수 있는 것만 할 수 있다. 그 이상 하려고 해서는 안 된다.
* 제어할 수 없는 것에 대한 책임감을 느껴서는 안 된다. 해결할 수 없는 일에 대한 책임을 지려 하면 마음이 불안해진다. 알코올중독방지회(Alcoholics Anonymous)의 기도를 기억하기 바란다.
"하나님, 제가 어떻게 할 수 없는 것은 받아들일 수 있는 평온한 마음을 주십시오. 그러나 변화시킬 수 있는 것은 바꿀 수 있는 용기를 주십시오. 그리고 이 둘을 구분할 수 있는 분별력을 주십시오." 자기가 할 수 있는 일과 할 수 없는 일의 목록을 만들자.
* 주위 사람들에게서 조언을 구한다. 연세가 지긋하신 분들은 우리가 필요로 하는 정보들을 보유하고 있는 풍부한 자원이다. 확대가족과 잘 지내는 어른들을 눈여겨보기 바란다. 필요할 때는 자문을 구한다. 책을 참고하는 것도 좋다. 필요한 정보를 얻기 위해서 모든 방법을 동원한다. 이렇게 해서 얻은 정보들을 적절하게 사용한다.
* 자신의 삶을 성실하게 살아간다. 가족과 어떤 관계에 있든 자기 자신의 삶을 지속시켜야 한다. 특히 어려운 때일수록 부부관계를 개선해 가는 일을 게을리 해서는 안 된다.

**경계선을 분명하게 긋고 나머지는 맡긴다**
우리의 설문조사에 대해 어떤 남편이 다음과 같이 응답했다.
"아이들이 열두세 살이 될 때부터, 아니 어쩌면 태어날 때부터 우리 부모들은 아이들을 떠나보낼 때를 예상해서 구체적인 계획을 세워야 합니다. 이다음 스스로 결정을 내려야 할 때를 대비해서 결정하는 능력을 길러 줘야 합니다. 물론 아이들이 실수를 저지를 수 있다는 위험성을 감수해야겠지요. 우리는 큰아이를 생각할 때마다 마음이 아픕니다. '이것은 해라,

저것은 하지 마라' 하고 일일이 간섭하며 키웠더니 매사에 자신감이 없습니다."

경계선을 확실히 긋고서 해야 할 일은 하고 나머지를 맡기기 위해서는 어떻게 해야 할까? 먼저 여러분의 확대가족 관계를 있는 그대로 받아들이고 감사해야 한다. 과거로 되돌아가서 가족사를 다시 쓸 수는 없다. 그러나 앞으로 여러분의 부모 그리고 성인 자녀들과 관계를 어떻게 발전시켜 갈 것인지는 여러분에게 달려있다.

**새로운 가계도를 그린다**
이제까지 우리는 성인 자녀, 그리고 부모와의 관계가 부부관계에 어떤 영향을 미칠 수 있는지를 알아보았다. 이 두 관계의 균형을 동시에 유지하는 것은 쉽지 않다. 그리고 매우 심각한 문제들을 안고 있는 가족들에게는 더욱 어려운 일이다. 복합가족들이 늘고 이혼율이 급증하는 현실에서 가족문제는 더욱 복잡해지고 있다. 쉬운 해결책은 없다. 부부관계는 다른 가족관계에 의해 크게 영향을 받을 수 있기 때문에 다음과 같은 점을 특히 유의하기 바란다. 여러분의 부부관계를 든든한 지지대로 삼아서 모든 상황에 대처해야 한다는 것이다. 늘 그래야 하지만, 특히 확대가족과 지낼 때는 부부 간에 서로에 대한 사랑과 지지를 아끼지 않아야 한다.

새로운 세대들에게 좋은 유산을 남겨줄 수 있다. 여러분은 패턴을 바꿀 수 있다. 누군가가 이야기했듯이 '삶은 누구에게나 다음 세대에게 전해줄 새로운 이야기를 쓸 수 있는 기회이다.' 자녀들과 손자손녀들이 본받는 부부관계를 이루며 살아감으로써 유산으로 물려주어야 할 것이다.

데이트 길잡이의 일곱 번째 데이트를 펴고서 낀 세대인 여러분의 부부 관계를 어떻게 돈독히 할 수 있는지 알아보자.

여덟번째 데이트

# 영성을 함께 개발해간다

**함께 기도하는 부부는** 성관계를 더 잘 즐긴다. 웃으라고 하는 농담이 아니다. 많은 연구조사 결과를 보면 함께 기도하는 부부들은 그렇지 않은 부부들보다 두 배나 더 자신의 부부관계를 정열적이라고 말한다. 또한 신앙생활을 하는 부부들이 그렇지 않은 부부들보다 이혼가능성이 훨씬 낮으며 부부관계에 대한 만족감과 헌신이 훨씬 높은 것으로 나타났다. 핵심 신앙이 같으면 부부는 날마다 사랑을 나누며 살아가는 동안 문제가 발생할 때마다 더욱 밀접한 한 몸이 된다.

또한 연구조사에서는 나이가 들수록 영적인 삶에 대한 관심이 높아지는 것으로 나타났다. 그 이유로는 사람들이 삶의 종착역에 가까이 다다를수록 지금까지 살아온 삶의 의미가 무엇인지를 묻게 되기 때문이라고 본다. 다시 말해서 나이가 들수록 더 지혜로워진다는 것이다.

이번 데이트에 해야 할 과제는 단순하다. 이 전환기를 자신의 핵심 신앙이 무엇인지 점검해보는 기회로 삼는 것이다. 인생을 어떻게 보는가? 그 목적은 무엇이라고 생각하는가? 무엇이 가장 중요한가? 우리의 삶은 어디로 향하는가? 그리고 신앙은 우리의 부부관계와 어떤 관계가 있는가? 이번 데이트에서는 바로 이 영적인 삶을 점검하는 기회를 가질 것이다. 지금부터 우리 부부는 이제까지 개인적인 영적 탐험을 어떻게 해왔는지 이야기하려고 한다. 우리 부부의 경험담이 여러분에게 큰 도움이 되기를 바란다.

## 하나님! 우리 아이를 살려주세요!

우리 부부의 영적인 순례 여행은 매우 충격적인 사건으로부터 시작했다. 결혼한 지 거의 4년이 지날 무렵 우리는 부모가 된다는 기쁜 소식으로 들떠 있었다. 그러나 임신 말기에 아이가 거꾸로 들어섰다는 것을 알았다. 의사는 별일 없을 것이라고 안심시켰으나 불안에 떨 수밖에 없었다.

그때 우리는 독일에 살고 있었다. 데이브는 미 육군에서 근무하고 있었는데 전근이 떨어지는 바람에 임신 막달에 우리는 미국 본토로 돌아와야 했다. 너무 먼 거리라 이사하는 것이 위험하기는 했지만 도리가 없었다. 우리는 출산을 앞둔 마지막 삼주를 워싱턴 포트루이스로 이사하는 데 보냈다. 물론 병원에서 아이 낳을 준비도 해놓았다. 마침내 산통이 시작되었다.

나는(클라우디아) 무척이나 불안했다. 가족과 친구들로부터 멀리 떨어져 단둘이 있는데다가 당시 병원에서는 남편이 아내의 출산을 볼 수 있도록 허락하지 않았다. 게다가 첫 임신이라 나는 어떻게 해야 할지 알 수 없었다.

병원에는 제시간에 도착했다. 긴 산통으로 고통스러웠다. 왜 이렇게 통증이 심하고 오래 걸리느냐고 불평하자 간호사가 대답했다.

"설마 병원에 도착하자마자 아이를 낳을 거라고 생각하지는 않았지요?"

물론 나도 알았다. 하지만 그렇게 오랫동안 혼자서 견뎌야 하리라고는 전혀 생각지 못했다. 데이브가 함께 있기를 바랐는데 그는 집에서 기다려야 했다. 내가 산통으로 몸부림치고 있을 동안 그는 집에서 미스 아메리카 선발대회 중계를 보면서 늘어져 있었다. 그를 미워해서는 안 되지만 이것만은 어쩔 수 없다. 데이브는 지금도 그 대가를 치르는 중이다.

산통이 막바지에 이르자 그들은 나를 육군 종합병원의 분만실로 데려가 수술대 위에 눕혔다. 의사들이 분주하게 주위를 오갔다. 이 병원은 레지던트 훈련을 겸하고 있는데 나를 연구 대상으로 삼은 것이다. 첫 번째 아이의 출산 과정이 그런 식으로 관찰되는 것이 달갑지 않았으나 고마워해야했다. 연구차 들렀던 소아과의사가 없었더라면 큰일이 났을 것이기 때문이었다.

우리의 첫아이가 세상에 나왔을 때 아이의 폐 속으로 들어오는 공기를 환영하는 첫 울음소리가 들리지 않았다. 의사와 간호사들의 축하와 격려도 들을 수 없었다. 그 대신 의료진들은 아이를 둘러싸고 내려다보며 다급하게 상의하고 있었다. 마침내 아이가 숨을 안 쉰다는 이야기를 들었다. 그 고문처럼 괴로웠던 몇 초간이 마치 몇 시간처럼 느껴졌다. 우리 아이에게 큰일이 벌어진 것이다.

나는 우리 아이가 살기 위해 몸부림치고 있음을 알았다. 나도 모르게 울부짖었다.

"하나님! 내 아이를 살려주세요. 좋은 엄마가 되겠습니다. 주님의 말씀으로 키우겠습니다."

나는 어려서부터 모태 신앙으로 자랐으나 이전까지 신앙심에 대해 진지하게 생각해본 적이 한 번도 없었다. 생사가 엇갈리는 절박한 몇 초가 지났다. 그러다 갑자기 아이가 생명이 주는 감격적인 울음소리를 내었다. 이 세상을 자기가 앞으로 살아가야 할 세상으로, 우리가 자신의 부모라고 선포했다. 내 기도를 들어주신 것이다.

우연의 일치라고 생각하는 사람도 있겠지만 나는 그럴 수 없다. 내가 하나님께 도움을 구할 때 그보다 더 진심을 담아 간절히 바랄 수 없었기 때문이다. 내 기도가 응답되었을 때 나는 기이한 하나님의 임재를 느꼈다. 그리고 데이브에게 이야기했다. 그때 우리는 우리의 영적인 순례 여행이 막 시작되었다는 것을 깨달았다. 우리는 엎드려 기도하며 이제부터 영적인 삶을 살아가기로 하나님께 약속했다.

## 완만한 영적순례 여행

아들이 태어나기 전에는 영적인 생활이나 신앙에 관해 거의 관심이 없었다. 그 충격적인 날 전까지는 별 어려움 없이 원만하게 살았기 때문에 우리의 삶을 깊이 들여다볼 필요가 없었다. 우리는 부부관계도 좋았고 별 탈 없이 삶을 즐겼다. 물론 때로는 의견이 엇갈릴 때도 있었지만 첫 아이가 태어나기 전까지는 심한 스트레스를 받은 적이 거의 없었다.

우리는 대륙을 건너 이사 와서 정착하는 데 따르는 스트레스와 삶에 영적 도전을 던져준 첫 아이 출산 그리고 복통을 자주 일으키는 아이들을 키우는 어려움을 그럭저럭 잘 견뎌냈다. 분만실에서 하나님을 섬기는 일에 게을리 하지 말고 잘 살아보자고 다짐했지만 날이 갈수록 삶의 무게에 짓눌리다보니 허덕이기 시작했다. 부부관계에 이상이 왔다.

우리는 결혼하고 나서 처음으로 서로에게 얼굴을 붉히며 다투기 시작했다. 부부관계를 개선하려고 노력하면 할수록 관계가 더욱 악화되었다. 아이들을 키우는 일로 티격태격하기 시작했다. 당시에는 영적인 질문에 대한 해답을 얻는 데 필요한 자원도 거의 없었다.

아이가 첫돌을 맞이하기 얼마 전, 우리는 군대를 사직하고 조지아주 애틀랜타로 이사 갔다. 그곳에서 대학 동창들과 다시 만났으며 교회생활도 시작했다. 나는(클라우디아) 부러운 영적 생활을 하고 있는 대학 친구, 마티와 많은 시간을 함께 보냈다. 마티의 소개로 젊은 엄마들이 모이는 성경 공부 그룹에 들어갔다. 나는 이제까지 아리송했던 영적인 진리에 관해 처음으로 말을 꺼냈다. 에너지가 넘쳐 주체 못하는 어린아이들을 키우면서 우리의 기도를 듣고 응답하시는 하나님을 믿기는 어려운 일이 아니었다. 처음에는 새 직장 일에만 매달리던 데이브도 나의 영적인 추구에 동참했다. 우리는 영적 관심이 많은 다른 부부들과 사귀면서 작은 성경 공부 그룹을 만들었다.

이때 영적인 해답을 찾아 열성을 다했던 것이 큰 도움이 됐다. 우리는 성경을 읽으면서, 특히 복음서에서 이제까지 경험해보지 못한 큰 사랑으로 우리를 사랑하시는 분을 만났다. 예수 그리스도였다. 지금도 그저 놀랍기만 한 하나님의 사랑이 빛이 되어 영적인 이해를 얻도록 도와주었다. 날마다 삶 속에서 하나님을 뚜렷하게 체험하면서 우리의 부부관계도 더욱 가까워졌다. 하나님을 믿는 신앙 안에서 삶의 의미와 평안을 찾게 되자 우리는 더욱 깊은 차원에서 서로를 받아들이고 사랑하게 되었다.

## 신앙 안에서 이겨내다

새롭게 찾은 신앙 덕분에 우리는 위험을 무릅쓰면서 용감하게 성장해나갈 수 있었다. 우리 신앙의 중심에는 사랑하시는 사람들의 삶에 날마다 개입하시는 하나님이 있었다. 영적인 순례 여행을 시작하자마자 우리는 신앙을 철저히 시험받는 큰 위기를 맞이했다. 애틀랜타에서 지내는 동안은 친구들과 친척들이 가까이 있어 행복했다. 그러나 데이브는 직업에 만족하지 못했다. 부서를 바꿔달라는 요청이 거절을 당하자 그는 직장을 그만두고 모험을 하기로 결심했다(그는 클라우디아의 의견을 묻지도 않고 혼자서 결정했다.).

그날 하루의 시작은 다른 날과 똑같았지만 저녁이 되자 우리의 삶은 다시 예전으로 돌아갈 수 없었다. 데이브는 클라우디아에게 이유도 설명하지 않고 한두 시간 늦게 귀가한다고 전화를 걸었다. 클라우디아는 그가 큰 프로젝트를 새로 맡게 되었나보다고 짐작했을 뿐 다가올 엄청난 일에 관해서는 꿈에도 생각 못했다.

데이브는 현관문을 열고 들어오며 소리쳤다.

"여보! 나 그만 뒀어!"

"뭐라고요? 그럼 우리는 어떻게 살아요?"

클라우디아는 눈이 휘둥그레졌다. 그때 두 명의 아들이 있었다. 게다가 매달 갚아야할 집 융자금과 정기적금도 있었기 때문이다.

데이브는 대답했다.

"아직 모르지, 뭐. 하지만 내가 그동안 얼마나 직장 일을 싫어했는지 당신도 잘 알잖아. 이 일을 놓고 기도를 많이 했어. 다른 부서로 옮겨달라고도 기도했어. 그런데 옮겨주시지 않더라고. 그래서 다른 직장을 알아보라는 응답으로 받아들였어."

클라우디아가 목청을 높였다.

"직장에 그대로 다니면서 서서히 다른 일을 찾아야겠다는 생각은 못해봤어요?"

자의로든 타의로든 직업을 바꿔본 적이 있다면 '나는 굶어 죽을지도 몰라.' 하는 두려움 때문에 명치끝이 답답하게 막혀오는 느낌을 이해할 것이다. 우리 부부의 하나님에 대한 믿음이 삶에서 어떤 역할을 할 수 있다면 바로 이때가 그것을 시험할 수 있는 가장 좋은 기회였다.

데이브는 그때를 다음과 같이 말했다.

"참 어려운 때였습니다. 특히 나에게 그랬습니다. 그리고 이런 때일수록 부부관계는 보다 깊은 차원이 필요합니다. 영적으로 서로 잘 알고 친밀하다면 큰 도움이 되기 때문입니다. 첫째로 클라우디아와 나는 이 문제를 놓고 함께 기도할 수 있었습니다. 우리 중 누군가가 두려워 몸을 떨 때 우리는 영적인 친밀함으로 마음을 녹이고 힘을 얻어 그 공포를 함께 극복할 수 있었습니다. 둘째로 이 어려운 시기를 지나는 동안 나는 정체성과 의미의 근거를 직업이나 성공 또는 그런 것들을 상실한 데 두지 않고 영적인 영역에서, 즉 하나님을 믿는 믿음 안에서 찾았습니다. 그래서 재정적으로 매우 불안한 시기였음에도 불구하고 마음의 평안을 유지할 수 있었으며 클라우디아도 마찬가지였습니다. 우리는 두 사람이 함께 사는 삶이 각각 따로 사는 삶의 합보다 더 크고 심오한 의미와 목적을 가지고 있다고 믿었습니다. 우리는 영적인 세계에서 궁극적인 안정을 찾았기 때문에 서로 더 가까워질지언정 멀어지는 일은 없었습니다. 그리고 클라우디아가 나를 진정으로 지지해주기 시작했습니다. 물론 전혀 말다툼을 하지 않은 것은 아니었지만 그때마다 영적인 친밀함으로 이겨낼 수 있었습니다.

"몇 주 후에 전화 연락이 왔습니다. 어떤 의료기 상사를 위해서 경영자를 알아봐주던 회사에서 경영 경험과 컴퓨터 지식을 가지고 있는 사람 중 애틀랜타 지역에 사무실을 열 수 있는 사람을 찾는다는 것이었습니다. 미스터 알프가 적격자로 보이는데 면접에 응해보지 않겠냐고 했습니다(나는 지금도 그들이 내 이름을 어떻게 알았는지 모르겠습니다.). 그 후 나는 두 달 동안 몇 번의 면접을 거친 후에 그 직책을 맡게 되었습니다.

해피엔딩으로 끝났지만 정말 어려운 시기였습니다. 다시는 겪고 싶지 않은 악몽 같은 순간이었습니다. 하지만 이제 그때를 돌아보면 우리가 영적으로 하나 될 수 있었기 때문에 안전지대를 과감히 벗어나 위험부담을 감수할 수 있었고 하나님과도 더욱 가까워질 수 있었음에 틀림없습니다."

여러분들도 살아오면서 질병이나 재정적인 곤경 또는 관계상의 문제 등으로 우리와 비슷한 위기를 겪은 적이 있을 것이다. 누구든지 살아가면서 그중 적어도 한두 가지의 문제를 가지기 마련이다. 만일 당신이 지금 어떤 두려움과 위기에 사로잡혔다면 바로 지금이 당신이 사용할 수 있는 자원을 모조리 긁어모아서 당신의 삶에 가장 중요한 것이 무엇인지를 찾아야 할 때이다. 다시 말해서 우리는 자신의 기본적인 핵심신앙 체계를 이해하고 확인해야 한다.

## 부부가 공통으로 가지고 있는 핵심신앙을 찾아내자

우리 부부가 이제까지 걸어온 영적인 순례 여행에 대해 이야기했다. 여러분은 지금 영적인 순례에서 어디까지 와 있는가? 사람마다 영적인 순례 과정을 통과하는 지점은 다를 것이다. 하지만 누구나 기본적인 신앙 체계를 가지고 있다. 먼저 기본적인 핵심 신앙에 관해서 마음을 터놓고 이야기해야만 부부가 함께 영적으로 성장해나갈 수 있다.

여러분이 가진 신념이나 신앙이 배우자와 서로 완전히 다르다고 생각할지도 모른다. 그러나 잘 살펴보면 틀림없이 공통 신앙 체계를 찾을 수 있다. 그것이 없다고 생각하는 부부들은 아마도 시간을 내서 찬찬히 찾아보지 않았거나, 자신의 신념에 대해 서로 분명하게 이야기를 나눠본 적이 없기 때문일 것이다. 그렇다면 지금 바로 서로 자기가 믿고 있는 것들에 관해 솔직하게 이야기를 나누어보기 바란다. 여러분과 배우자는 어떤 기본적인 핵심 신앙들을 가지고 있고 서로 얼마나 일치하는가? 부부관계와 가정생활에서 가장 중요하게 여기는 원리들은 무엇이고 서로 얼마나 일치하는가? 여러분의 영적인 생활에서 삶, 죽음, 가족, 결혼, 하나님, 무조건적인 사랑, 용서, 기도, 봉사에 관해 어떤 믿음을 가지고 있는가? 어떤 부분이 서로 일치하는가? 사람들이 여러분의 삶을 지켜본다면 기본적인 핵심 신앙을 찾아낼 수 있으리라고 생각하는가?

여러분의 기본적인 신념들과 중요하게 여기는 가치의 목록을 만들어 보자. 부부가 공동으로 소유할 수 있는 신념들로는 정치적 소신, 사회적 관심, 환경 보존, 자녀 양육 철학 등이 있다. 공동으로 키워가는 신념 체계가 부부마다 약간씩 다를 수 있지만 그것들은 친밀한 부부관계를 이루어가는 데에 필요한 요소들이다. 공통으로 갖는 기본 신앙 체계는 부부관계가 주위의 압력으로 인해 위협을 당할 때 부부를 하나로 묶어주고 함께 싸워갈 수 있게 하는 원동력이 될 것이다.

이제부터 우리 부부가 가지고 있는 공통 핵심 신앙과 가치가 부부관계에 어떤 영향을 미쳤는지 이야기하려 한다. 우리들의 핵심 가치들은 무조건적인 사랑과 용납, 용서, 기도 그리고 봉사이다.

## 영적 친밀감을 삶에서 실천한다

누구나 '네 이웃을 네 몸처럼 사랑하라.'는 말씀을 기억할 것이다. 그런데 이 원리를 우리 부부관계에 적용했더니 새롭고 신선한 의미를 갖게 되었다. 이웃이란 결국 나와 가장 가까이 있는 사람이다. 부부에게 가장 가까운 사람은 배우자이다. 가장 깊고 친밀한 차원에 이르기까지 삶의 모든 부분을 함께 나누기로 약속한 사이이기 때문이다. 우리가 배우자를 우리 자신처럼 사랑한다면 배우자가 가장 원하는 것을 우리 마음속에 품고 있을 것이다. 섬김을 받기보다는 섬기고 싶어 할 뿐 배우자를 조종하거나 지배하려고 하지는 않을 것이다. 사랑과 신뢰를 바탕으로 하여 건강한 부부관계를 이루어갈 것이다.

따라서 부부 사이에 일어나는 크고 작은 많은 갈등들은 부부가 자기 자신을 사랑하듯이 배우자를 사랑할 때 자연스럽게 해결된다. 그러나 우리는 대부분 나 중심적으로 살아가고 내 방식대로만 일을 처리하려 한다. 하지만 영적인 친밀감을 더욱 깊게 하기 위해서는 그와 정 반대로 살아야 한다. 조건 없는 사랑과 받아들임, 용서, 기도, 섬김을 통해서 영적인 친밀감을 더욱 깊게 할 수 있는 다음과 같은 방법들을 생각해보자.

**조건 없는 사랑과 받아들임**

우리 부부의 신앙 체계 중심에는 조건 없이 서로 사랑하고 받아들이기로 한 약속이 자리 잡고 있다. '당신이 내게 ~을 해준다면 나는 당신을 사랑할 것이다.'가 아니라 '~임에도 불구하고 조건 없이 당신을 사랑하겠다.'는 약속을 바탕으로 한다. 그러나 실제로 그렇게 하는 것은 쉽지 않을 뿐 아니라 대부분 그 기준에 훨씬 못 미친다. 서로를 있는 그대로 아무 조건 없이 받아들인다는 것은 매우 어렵다. 우리는 매우 피상적인 문제 때문에 서로를 받아들이지 못하고 밀어낼 때가 많다. 클라우디아가 미장원에서 머리를 너무 짧게 자르고 왔을 때였다. 클라우디아는 머리 때문에 속이 상해 있었다. 데이브가 놀렸다.

"나이가 너무 들어 보이는데! 그렇지?"

클라우디아는 화산처럼 폭발하고 말았다.

2,000여 년 전에 사도 바울은 조건 없이 서로 사랑하지 못하는 고린도 교회 교인들에게 매우 적절한 조언을 한 적이 있다. 바울은 고린도전서에

서 사랑이란 오래 참고 온유한 것이라고 말한다. 여러분이 누군가를 사랑한다면 그를 시기해서는 안 되고 그에게 쉽게 화를 내서도 안 된다고 말한다. 사랑은 용서하는 것이고 상대의 잘못과 단점을 일일이 머릿속에 기록해 놓는 것이 아니라는 것이다. 우리의 사랑은 바울이 말하는 사랑과 얼마나 닮았는가? 거의 닮지 않았을 것이다. 누군가를 그렇게 사랑하는 것이 쉬운 일은 아니다. 자연스럽게 할 수 있는 사랑은 절대로 아니다. 우리 부부는 조건 없이 서로 사랑하고 받아들이자는 약속을 끊임없이 기억해내야만 그와 같은 사랑을 할 수 있을 것이다.

여러분은 배우자가 '5킬로그램만 몸무게를 줄였으면……' 하고 바라는 한 그 '5킬로그램'을 절대로 받아들이지 못한다. 그리고 서명하는 것을 잊어버린 채 세금보고서를 보낸 배우자도 받아들이지 못한다. 당신에게는 필요도 없는 레이저 컬러 프린터를 사들여와 허리띠를 졸라매게 하는 배우자도 받아들일 수 없다. 우리는 배우자를 화나게 하는 습관을 몇 가지씩 가지고 있다. 휴지를 쓰고서 아무데나 버린다든가 빌려온 DVD나 도서관 책을 제시간에 반납하지 않아서 자주 벌금을 물거나 침대로 들어가 전에 옷을 벗어서 아무데나 던져두는 등 그 예를 나열하자면 끝이 없을 것이다. 그러나 서로를 조건 없이 사랑하고 받아주겠다는 그 약속 때문에 우리는 함께 살아가고 있다.

## 용서

우리가 서로를 조건 없이 사랑하거나 받아들이지 못해서 실패할 때는 용서라는 또 다른 핵심신앙을 사용할 수 있다. 연구조사자들에 따르면 "용서는 건강한 인간관계에 꼭 필요한 핵심 가치의 하나이다. 건강한 관계를 오랫동안 지속하기 위해서는 용서라는 기본 요소를 필요로 한다. 그렇지 않으면 감정적인 부채가 자꾸 늘어나서 결국 친밀한 관계는 불가능하게 된다. 특히 부부관계에서 건강을 오래 유지하기 위해서는 반드시 용서가 필요하다."고 한다.

거리낌 없이 용서를 구하고 기꺼이 용서할 때 친밀감이 자라난다. 하나님께서 우리를 용서하시듯이 우리도 서로 용서할 필요가 있다. 용서의 영이 살아 움직이면 우리는 보다 더 긍휼히 여기고 더 참아내고 더 관대해지고 더 후하게 베풀 수 있다. 부부처럼 매우 가까운 관계에서는 쉽게 짜증을 내고 부정적으로 반응하기 쉽다. 그러므로 부부는 용서할 수 있어야만 원만하게 살아갈 수 있다. 그러나 주의해야 할 점이 있다. 배우자가 어떻게 했는가보다는 자기 자신에게 초점을 맞추어야 한다. 용서를 해야 할 일이 있을 때는 다음과 같은 네 단계 방법을 사용해보자.

**1단계:** 배우자의 단점과 자신의 과민한 반응을 적어본다. 수직선을 그어 종이를 두 단으로 나눈다. 왼쪽 단에는 배우자의 행동 중 부정적인 반응을 일으키는 것들을 적는다. 오른쪽 단에는 자신의 민감한 반응들을 적는다.

| 부정적인 반응을 일으키는 것들 | 나의 민감한 반응 |
| --- | --- |
| 배우자가 습관적으로 늦는다. | 설교 |
| | 한숨 |
| | 침묵의 복수 |
| | 잔소리 |
| | 성적인 냉담 |
| | 다른 사람과 비교 |

이와 같이 목록을 만들다보면 배우자의 행동에 비해 자신의 반응이 과했다는 생각이 들 것이다. 만일 그렇다면 자신의 부정적인 태도를 인정한 후에 목록을 태우거나 찢어버린다. 배우자에게 보여줄 필요는 없다. 자기만 보려고 솔직하게 만든 목록이기 때문이다.

**2단계:** 자신의 과민한 반응이나 태도를 인정한다. 자신의 행동과 반응에 대한 책임을 진다.

**3단계:** 배우자의 장점들과 단점들을 한 패키지의 종합선물세트로 받아들인다. 부부의 차이점들은 서로 상쇄하거나 보완한다. 배우자를 먼저 변화시킬 수는 없다. 변화시킬 수 있다면 그건 자기 자신뿐이다. 그러나 자신의 과민한 반응과 태도를 일단 고치면 놀라운 기적이 일어난다. 배우자도 따라서 변한다. 배우자를 먼저 변화시키려고 헛수고하지는 말기 바란다. 지난 20년 동안 살아오면서 배우자를 못 뜯어고쳤다면 앞으로 20년을 더 살아도 마찬가지이다. 그보다는 배우자가 필요로 하는 사람이 되는 데 모든 노력의 초점을 맞추자.

**4단계:** 배우자에게 자신의 과민한 반응에 대한 용서를 구한다. 이때 배우자가 용서를 구하면 용서하자. 어느 정신병원 원장이 다음과 같이 이야기했다. 환자들 중의 절반은 용서받았다는 것을 깨닫기만 해도 그 순간 완치되어 집으로 돌아간다는 것이다.

상대방의 단점보다는 자기가 한 잘못에만 초점을 맞추라는 말은 아무리 강조해도 지나치지 않다. 예를 들어 "당신이 식당에 늦게 온 것에 잔소리를 늘어놓는 것이 아닌데, 잘못했어요. 나를 용서해주겠어요?"라고 말을 해야지 "좀 늦었다고 잔소리한 건 미안해요. 하지만 그렇게 매번 늦는 당신도 문제가 있어요."라고 말해서는 안 된다. 다시 강조하지만 자신의 과민한 반응에 대해서만 이야기해야 한다. 이 기회를 이용해 공격의 포문을 다시 열려고 해서는 안 된다. 배우자를 공격하는 것은 당신의 부부관계를 공격하는 것과 같다.

## 기도

우리 부부는 함께 기도함으로써 영적으로 매우 친밀해졌다. 스위스의 저명한 정신치료학자 폴 투르니에는 『서로 이해하기 위해서(To Understand Each Other)』에서 이렇게 말한다.

"행복이 하나님의 선물이라는 사실을 이해하고 받아들이는 부부야말로 가장 행복한 부부이다. 함께 무릎을 꿇고 그들의 마음에 심어주신 서로에 대한 사랑을 감사하고, 선물로 주신 자녀들을 감사하고, 삶의 모든 기쁨을 감사하고, 서로 이해함으로써 부부관계가 훨씬 친밀해졌음을 감사하는 부부야말로 참으로 행복한 부부이다."

부부가 함께 무릎을 꿇고 기도하는 모습은 은혜가 충만해 보인다. 물론 그렇게 되기 쉽지는 않다. 루이스와 에릭은 갓 재혼한 빈 둥우리 부부인데 함께 기도하려고 해도 잘되지 않았다. 루이스가 말했다.

"결혼하기 전에 우리는 함께 기도하는 것이 매우 중요하다는 사실에 전적으로 동의를 했어요. 우리 둘 다 전에는 배우자와 함께 기도하지 못했거든요. 나는 이번만큼은 부부가 함께 기도하는 습관을 키워나가야겠다고 마음먹었어요. 그런데 함께 기도하려 할 때마다 싸움이 벌어졌어요. 내가 기도를 먼저 하고 나서 에릭이 기도를 이어가기를 기다리고 있으면 '아멘' 하고 마는 거예요."

에릭이 말을 받았다.

"그건 루이스가 기도할 것을 죄다 해버렸기 때문입니다. 한 마디도 덧

붙일 말이 없습니다. 아내가 기도를 마치고 나면 한마디도 생각나지 않습니다. 그래서 '아멘' 하고 말 수밖에 없습니다."

이 부부는 우리에게 도움을 구하러 찾아왔다. 우리는 그들에게 기도하기 전에 기도 제목들을 목록으로 만들어보라고 권했다. 그러고 나서 목록을 보면서 하나씩 번갈아가며 기도해보라고 했다. 그리고 에릭이 먼저 기도를 시작하는 것도 좋겠다고 말해주었다. 우리 부부가 함께 기도하기를 시작했을 때 사용한 방법이었다. 우리도 루이스와 에릭이 겪었던 똑같은 문제로 고민했다. 그러나 누가 기도를 독차지했는지는 밝히지 않기로 한다.

큰 소리로 기도하는 것이 거북한 경우에는 퀘이커교 친구들처럼 침묵의 기도를 해도 좋다. 이럴 때는 각자 하나님과 따로 교통을 한다. 함께 기도하지는 못하지만 배우자도 옆에서 기도하고 있다는 사실에 힘과 용기를 얻는다. 또한 침묵의 기도는 함께 기도하고 예배드리는 습관을 처음으로 기르기 시작할 때에도 매우 좋은 방법이다. 퀘이커교 전통에 의하면 묵상 시간은 항상 평화와 화해의 입맞춤으로 끝낸다.

## 섬김

우리는 부부는 함께 살기 위해선 늘 희생이 필요하다고 믿는다. 물론 희생은 곧 섬김을 의미한다. 처음에는 우리끼리 서로 섬기는 연습을 했다. 그러고 나서 다른 사람들에게로 섬김의 범위를 넓혀갔다. 부부가 서로 섬기는 종의 마음을 가지면 부부관계에 혁명적인 변화가 일어난다.

다음으로 우리 부부는 주위 사람들을 함께 섬기기로 약속했다. 사람들과 더불어 사는 것이 하나님의 계획과 목적이라면 다른 사람들을 섬김으로써 하나님의 뜻을 이루어가는 길을 늘 찾아야 한다고 생각했다. 부부가 영적으로 더욱 친밀해지기 위해서는 이웃을 함께 섬겨야 한다고 믿는다.

여러분들은 세상을 섬길 수 있는 방법들을 생각하며 사는가? 노숙자들을 위한 무료식사 봉사에 참여할 수도 있고 단기 봉사활동 여행에 함께 갈 수도 있다. 환경과 생태에 관심이 있어서 이 세상을 보다 더 살기 좋은 곳으로 만들려고 노력하는 것도 좋다. 아니면 주거환경 개선 프로그램에 가입해서 집 없는 사람들에게 집을 지어주는 일을 도울 수도 있다. 물론 교회에서도 여러 가지 사회봉사 프로그램들을 운영하고 있다. 누군가를 섬기고 싶은 마음이 있다면 여러분의 도움을 절실하게 필요로 하는 사람은 바로 주위에 있으니 너무 먼 곳에서 찾지 말기 바란다. 우리 부부는 둘이서 함께 이웃과 지역사회를 섬길 때마다 부부관계가 더욱 가까워지고 영적으로 친밀해지는 것을 체험했다.

알리슨과 조나단은 이미 빈 둥우리 부부가 된지 오래됐는데 해마다 '유방암 연구 기금 모집을 위한 단거리 경주'에 참가하고 있다. 어느 해 추수감사절에는 유니폼을 입고서 갇혀 지내는 노인들을 위한 식사 봉사에 참여한 적이 있었다. 봉사를 마치고서는 입고 있던 옷 그대로 감사절 파티가 벌어지고 있는 아들의 집에 찾아갔다. 문을 열고 들어가자 특이한 의상 때문에 손자손녀들은 환성을 지르고 아들 부부는 눈이 휘둥그레졌다.

우리 부부와 가깝게 지내는 다른 부부는 빈 둥우리 시기에 들어서자 부부들을 돕기 위한 대대적인 운동을 벌였다. 그들은 부부 구출 운동을 창설하고서 전국적으로 이혼율을 낮추기 위해 결혼 경찰대를 조직했다. 1986년 캘리포니아에서 95명의 목회자들이 처음으로 결혼 경찰대에 가입했으며 지금도 지역 내 이혼율을 낮추기 위해서 노력한다. 지금은 그 지역 이혼율이 무려 56퍼센트나 낮아졌다. 여러분도 각자의 지역에서 결혼 경찰대를 조직할 수 있다. 그리고 약혼한 커플이나 신혼부부들에게 멘토가 되어줄 수도 있다. 결혼 구출운동에 대해서 보다 자세히 알고 싶으면

www.marriagesavers.org를 방문해보기 바란다.

여러분은 베풀 수 있는 많은 것을 갖고 있다. 다른 사람들에게 투자할 수 있는 좋은 기회이다. 이 책에서 소개하는 데이트들이 마음에 든다면 섬기는 교회에서 열 번의 데이트 프로그램을 개설할 수도 있다. 자세한 정보가 필요하면 웹사이트 www.marriagealive.com에 방문해 보기 바란다.

## 이제 여러분의 차례이다

부부가 자기 자신의 영적인 순례 과정을 함께 이야기하고 나누기 전에는 영적 친밀감을 조성하기 어렵다. 우리 부부가 영적으로 어떻게 성장해왔는지에 관해 이야기를 한 것은 여러분도 자신의 영적인 순례 과정에 관해서 깊이 생각해보기를 바라기 때문이다.

부부가 공유하는 신앙 체계를 만들어 보기를 권한다. 배우자에게 자신의 깊은 속마음까지도 모두 솔직하게 열어놓고 이야기를 나누어보기 바란다. 부부가 함께 신앙의 본질적인 문제에 대한 해답을 찾아가고 공통으로 소유하는 신앙 체계를 만들어간다면 어렵지 않게 영적인 친밀감을 개발하고 발전시킬 수 있다.

이제 데이트 길잡이의 여덟 번째 데이트를 펼치고 영적인 순례 여행을 함께 떠나자. 이번 데이트에서는 다른 사람들을 함께 섬기는 길들을 알아보게 될 것이다. 즐겁게 섬기는 일이 그리 어렵지 않음을 알게 될 것이다.

아홉번째 데이트

# 미래를 위한 준비

아이들과 함께 살던 집을 팔고 콘도 주택으로 이사 갔을 때 가장 반가웠던 변화는 회사가 잔디를 관리해주는 것이었다. 직원들이 집집마다 다니면서 잔디를 깎는 화요일만 되면 그렇게 좋을 수가 없었다.

하지만 나무나 관목을 추가로 심는 것은 우리의 몫이었다. 우리는 몇 그루 더 심기로 했다. 찰리라는 친구가 도와주기로 했다. 우리 부부가 다른 도시에서 열리는 모임에 참석해서 집을 비우는 동안 찰리가 심어주기로 했다. 원하는 곳에 묘목들을 놓아두기만 하면 심어주겠다고 했다. 우리는 그러기로 했다.

초가을이었다. 우리가 끔찍이 아끼는 열대관상목 화분은 테라스에 있었다. 열대관상목은 기후에 민감해서 겨울에는 집안에 두고 여름에만 테라스에 내놓아야 한다. 여름에는 해를 많이 쪼여야 했다. 그러지 않으면 겨울에 곧 죽고 만다.

그런데 우리가 떠난 뒤, 녹스빌 지역에 큰 폭풍이 불어서 묘목들이 조금씩 자리를 이탈했다. 찰리는 우리가 원했던 정확한 위치는 아니었지만 대충 그 언저리에 심었다. 그것은 그런대로 괜찮았다. 문제는 열대관상목이었다. 그 화분이 폭풍으로 날아가 잔디밭에 떨어졌는데 영문을 몰랐던 찰리가 그것마저 심어버린 것이다.

열대관상목이 테네시의 겨울을 견뎌낼 가능성은 거의 없었다. 열대관상목이 가을 햇볕을 몇 주 더 즐기고 난 뒤 우리는 커다란 화분에 다시 옮겨 심었다. 며칠 동안 적응하도록 놓아두었다가 집안으로 옮겨왔다. 그 후 어떻게 되었을까? 아주 건강하게 자랐다. 뿌리 채 뽑았다가 다시 옮겨 심은 것이 이 나무에게는 비타민 같은 효과였던 것이다. 몇 년이 지났는데도 여전히 무성하다.

이 이야기를 하는 이유는 무엇일까? 빈 둥우리 시기에 들어선 부부들이 이사를 해서 새 출발을 하면 그와 비슷한 효과를 얻는 것을 자주 본다. 빈 둥우리 시기는 변화와 도전의 계절이다. 변화는 어김없이 찾아온다. 성장은 부부가 그와 같은 변화에 어떻게 대처하느냐에 달렸다. 부정적인 타성이나 습관을 모두 뽑아내고 보다 건강한 것들을 새로 심을 수 있는 좋은 기회이다. 부부관계를 보다 건강한 토양에 옮겨 심어 더욱 활기차게 자라나게 할 수 있다. 그러나 노력 없이 그렇게 되기만을 바랄 수는 없다. 여러분에게 달렸다.

뿌리 채 뽑혀져서 다른 곳에 옮겨 심어 다시 적응하여 앞으로 일어날 변화와 도전에 대해 준비할 마음이 있는가? 빈 둥우리 시기 동안 부부관계가 더욱 성장하고 강해지도록 목표를 세울 생각이 있는가? 이때 가장 주의할 점은 절대로 미루지 말아야 한다. 세월은 날아가는 화살같이 흘러간다. 시간은 매 십 년마다 가속도를 얻는 것처럼 보인다. 허비할 수 있는 시간은 점점 줄고 1분 1초가 더욱 소중해진다. 여러분의 부부관계를 다시 점검해 볼 시간은 바로 지금이다.

## 부부관계를 살리기 위해서는

최근에 우리 부부는 미래를 위한 재정 계획을 세웠다. 먼저 현재의 재정 상태를 정확하게 파악하고 나서 앞으로 5년, 10년, 15년, 20년 후에 무엇이 얼마나 필요할지를 신중히 고려했다. 이와 같은 과정은 매우 힘들지만 큰 도움이 되었다. 목표가 분명하게 드러나자 우리는 어떤 부분에서 얼마나 절약해서 어떻게 증식시켜야 할지를 알았다. 오늘의 소비 패턴을 조금만 변화시켜도 미래의 재정 상황에 큰 영향을 미칠 수 있다는 것도 알았다.

부부관계에도 이와 똑같은 원리가 적용된다. 앞으로 어떤 변화를 겪게 될지를 예측하고 현명한 결정을 내리기 위해서는 지금까지 어떻게 함께 살아왔는지, 부부관계의 현재 상황은 어떤지를 이해하고, 앞으로 어떻게 살아가고 싶은지를 명확하게 계획해야한다.

**뒤돌아보면**

지난 십년 동안 부부관계가 어떠했는지 떠올려보자. 어떤 변화가 있었는가? 우리 부부에게는 지난 십년 동안 막내아들이 집을 떠나 대학을 졸업해서 결혼을 하는 변화가 있었다. 또 그동안 부모님들 중 세 분이 돌아가셨고 8명의 손자손녀들을 얻었다. 아이들과 함께 살던 집을 팔고 콘도 주택으로 이사 간 것도 이 기간 동안이다. 우리의 생활도 전에는 주로 집에서 지냈으나 이제는 줄곧 여행으로 보낸다.

**미래를 보면**

앞으로 십년 동안 어떤 변화가 있을까? 십년이 지나면 손자손녀들은 모두 십대가 된다. 우리는 은퇴를 준비해야 한다. 그런데 지금 하고 있는 일이 너무 재미있기 때문에 은퇴하리라는 생각은 잘 들지 않는다. 우리의 부부관계는 십년 후에 어떤 모습일까? 멈추지 않고 점점 더 개선되기를 바란다. 그러나 분명한 것은 부부관계가 성장하기 원한다면 변화에 적응해야 한다는 것이다. 미래를 위한 계획을 세우고 목표를 설정하고 부부관계에 시간과 노력을 투자해야 한다. 이번 데이트에서 여러분에게 과제로 내주려는 것이다.

## 목표가 분명한 결혼생활

부부사랑 살리기 세미나의 가장 즐거운 부분 중 하나는 마지막 시간에 목표가 분명한 부부관계에 관해 이야기를 나눌 때이다. 이 시간에 우리는 참가자들에게 앞으로 어떤 부부관계를 원하는지에 관해 이야기를 나누게 한다.

최근 한 세미나에서 빈 둥우리 부부인 케이틀린과 숀이 그들의 목표 목록을 공개한 적이 있다. 그 목록의 첫 번째 항목이 바로 '우리는 다시 함께 꿈꾸기 원한다.' 였다. 케이틀린이 설명했다.

"숀에게 말했어요. 내가 원하는 것은 신혼살림을 시작할 때처럼 함께 미래를 계획하는 것이라고요. 그 꿈들을 진짜로 이룰 수 있는지는 다음 문제이구요. 중요한 것은 함께 꿈을 꾸는 과정이에요."

숀이 덧붙였다.

"맞습니다. 꿈꾸는 것 자체가 너무 즐겁습니다. 그런데 두 번째와 세 번째 항목들도 너무 좋습니다. 매주 하루 밤에 데이트를 하고 함께 재정 계획을 세우는 것 말입니다. 정년퇴직 후에 생활을 계획하는 것은 이미 늦지 않습니까? 또 목표를 세울 때 두세 가지 이상을 욕심 부려서는 안 되고, 실행할 수 있고 성취를 측정할 수 있으며 현실적인 목표여야 한다고 말씀해 주신 것도 큰 도움이 됩니다. 전에도 이와 비슷한 세미나에 참석한 적이 있었는데 해야 할 일이 넘쳐나서 당황했습니다. 하지만 이번에는 이루어야 할 목표가 셋뿐이니까 가벼운 마음으로 집으로 돌아갈 것 같습니다."

그들에게 내주었던 과제를 여러분도 해보기 바란다. 이번 데이트에서는 부부가 서로 머리를 맞대고 부부관계에 일어나기를 원하는 변화의 목록을 만들어보기 바란다. 그리고 나서 앞으로 서너 달 동안에 실현할 수 있는 목표를 세 가지만 골라낸다. 여러분이 세운 목표들은 아마도 다음과 같을 것이다.

* 의사소통을 개선한다.
* 책을 함께 읽고 토론한다.
* 문제들을 놓고 이야기할 수 있는 시간을 매주 정기적으로 갖는다.
* 보다 달콤한 애정생활을 누리기 위해 노력한다.
* 정기적인 데이트 여행을 계획한다.

'함께 꿈꾸는 데이트'를 하면서 앞으로 이루고 싶은 목표들을 목록으로 만들어보는 것도 좋다. 이제까지 해온 여덟 번의 데이트를 점검해보자. 어떤 목표에 관해서는 둘이서 이미 이야기를 나눈 적이 있을 것이다. 열 번째인 마지막 데이트에서는 부부관계의 즐거움과 끈끈한 애정에 초점을 맞추게 될 것이다. 여러분이 열 번의 데이트를 통해서 부부관계를 강화시키고 싶으면 무엇보다도 먼저 미래를 위한 목표들을 분명히 세워야 한다.

## 실행에 옮긴다

함께 이야기 나눌 시간을 내기 위해서는 계획을 세워야만 한다. 마음대로 주워가라고 주위에 시간이 널려진 것은 아니다. 시간 나는 대로 하는 것은 상황적이지만 일부러 시간을 내는 것은 의도적이다. 함께 이야기할 시간을 내는 방법들을 알아보자.

### 각오를 단단히 한다

이야기 나눌 시간을 낼 수 있는가의 문제는 상황보다는 우리의 태도에 달려있을 때가 많다. 누구나 중요한 일을 하는데 시간 내는 것에 인색하지 않다. 자신의 우선순위 목록을 알고 싶으면 어떤 일에 귀중한 시간과 돈을 투자하는지 살피면 된다. 빈 둥우리 시기에는 시간이 남아돈다고 생각하면 오산이다. 아이들을 떠나보냈어도 곧 다른 일로 일정표가 **빡빡하게** 채워질 것이다. 둘이서 함께 이야기하는 시간을 의도적으로 계획해야 하는 이유가 바로 이런 이유이다. 그리고 계획대로 실행할 각오를 단단히 해야 한다. 그렇게 하도록 도울 수 있는 방법을 살펴보자.

### 현재의 일정표를 분석한다

먼저 앞으로 일주일 동안 두 사람이 어떤 일과 활동에 시간을 보내는지 꼼꼼히 적어보자. 그리고 나서 바꾸거나 조정할 수 없는 시간을 파악해보자. 예를 들면 일하는 시간은 임의로 바꿀 수 없다. 다음으로 반드시 해야 하는 일이지만 어느 정도 유동성이 있는 일들을 찾아보면, 집안일, 식사 준비 그리고 부모님이나 성인 자녀들의 가족을 위한 시간이다. 또 자기가 재량껏 조정할 수 있는 일들을 골라낸다. 신문, 잡지 등을 읽거나 골프를 치거나 테니스나 라켓볼을 즐기거나 인터넷 서핑에 보내는 시간은 얼마나 되는가? 그리고 취미생활, 잔디밭 손질, 교회 모임, 자원봉사 활동 또는 가족이나 친구들과 보내는 시간은 얼마나 되는가?

시간만 소모하고 별로 도움이 안 되는 활동은 없는가? 인터넷 서핑, 텔레비전 시청, DVD 영화 감상은 어떠한가? 폴 피어셜은 『황홀한 부부 성생활(Super Marital Sex)』에서 다음과 같이 이야기했다.

"텔레비전 중독은 미국인들의 부부생활에 가장 치명적인 해를 끼치는 요소 중의 하나이다. 부부가 함께 중독에 걸리면 최악이다. 부부가 함께 나눌 수 있는 친밀한 시간을 자기도 모르는 사이에 모두 빼앗긴다. 그와 같은 경우 부부는 공범일 뿐 아니라 공동의 피해자이기도 하다."

시간 사용에 관해 수집한 데이터를 분석해보자. 배우자를 위해 할애할 수 있는 충분한 시간을 찾아낼 수 있을 것이다.

## 부부관계를 위한 시간을 만들어낸다

배우자만을 위한 시간을 따로 떼어둔다. 길수록 좋지만 짧아도 괜찮다. 다음과 같은 방법들을 이용해도 좋다.

* 10분 동안 함께 있기. 배우자가 오늘 정말로 필요로 하는 것이 무엇인지를 알아보는 시간을 날마다 10분씩 갖는다.
* 매주 한 번씩 밤에 데이트를 한다. 정기적인 데이트는 의도적으로 시간을 함께 보내는 데 매우 효과적이다.
* 24시간 데이트 여행. 집에서 멀리 벗어나 하루를 함께 보내는 것도 부부관계에 활력을 불어넣는 좋은 방법이다.
* 촛불을 켜놓고 함께 먹는 식사. 적어도 한 달에 한 번은 낭만적인 식사를 함께 즐긴다.

### 시간 사용을 늘 점검한다

시간 사용을 감독해줄 사람은 배우자 말고는 아무도 없다. 여러분이 빈 둥우리 시기에 들어가면 여기저기서 자원 봉사 제의가 끊임없이 들어올 것이다. 승낙을 결정하기에 앞서 자신에게 다음과 같이 물어야 한다. '이 일이 우리 부부를 서로 멀어지게 할 것인가, 더욱 친밀하게 해줄 것인가?', '이 봉사활동을 하기로 한다면 어떤 봉사활동을 그만둘 것인가?' 우리가 배운 것 중에서 부부생활에 가장 도움 되는 것이 있다면 그것은 단호히 '아니요.'라고 말하는 것이다(물론 서로가 아니라 다른 사람들에게).

때때로 자신이 시간을 어떻게 사용하는지 점검하고 어떤 활동을 줄일 수 있는지 생각한다. 대부분 친구나 친척, 직장 동료와 관련되어 있어서 활동을 줄이면 그들을 실망시키게 되므로 쉽지 않다. 그러나 부부관계에 부담을 주는 활동은 과감하게 '아니요.'라고 거절할 수 있어야 한다. 너무 많은 약속에 얽매여 자유를 되찾기 원한다면 다음과 같은 세 가지 질문을 해보자. 어떤 일을 그만둘지 결정하는 데 큰 도움이 될 것이다.

**1. 이 활동이 꼭 필요한가?** 이 활동을 그만두면 하늘이 무너질 것 같은가? 예를 들어 생계를 위해 돈을 벌어야 한다. 먹고, 자고, 옷을 입고, 비바람을 막아주는 지붕 있는 집은 당연히 필요하다. 이에 반해 동네 야드 세일 위원장직을 반드시 맡아야 할 필요는 없다.

**2. 이 활동이 그렇게 중요한가?** 보다 나은 배우자가 되는 데 도움이 되는가? 건강한 식단, 운동, 경건한 시간과 기도, 정기적인 부부 데이트 등은 부부관계를 끈끈히 하는 데 매우 효과적이다. 그러므로 매우 중요하다.

**3. 이 활동은 내가 임의로 결정할 수 있는 것인가?** 여러분이 좋아서 스스로 선택한 활동인가? 시민운동이나 지역 사회를 위한 봉사활동 또는 텔

레비전 시청, 금요일 저녁에 갖는 사교 모임, 골프 등이 이 범주에 속한다.

부부가 함께 지내는 시간을 만들기 위해 가장 필요한 것은 자신의 욕구와 우선순위를 솔직하게 낱낱이 점검하고서 지금까지와는 다른 새로운 관점에서 덜 필요한 시간들을 통폐합하는 것이다. 부부가 함께 자신들의 우선순위를 재조정하고서 시간을 함께 보낼 구체적인 계획을 세우고 나면 이제 남은 것은 그대로 실행에 옮기는 것이다.

## 성과를 점검한다

어떤 목표를 달성해가는 데 가장 필요한 단계 중 하나가 이제까지의 성과를 점검하는 것이다. 무엇이 방해하는 요인이었는가? 그러한 요인들은 또 다시 방해할 것이 틀림없다. 계획대로 잘 안 되더라도 유연하게 대처해야 한다.

살다보면 항상 예기치 못한 일들이 일어난다. 프로젝트 마감일이 갑작스럽게 예정보다 앞당겨질 수도 있고, 성인자녀 가족이나 이웃이 연락도 없이 들를 수 있다. 형편이 될 때까지 시간을 미뤄도 좋지만 절대로 취소해서는 안 된다. 물론 현실적이어야 할 필요도 있다. 하지만 좀처럼 포기하지 않는 끈기도 있어야 한다. 성과를 점검하면서 각 목표를 달성하기 위해 무엇이 더 필요한지 확인해야 한다. 경우에 따라서는 계획한 대로 실행에 옮기지 못할 수도 있다. 그렇다고 절대로 실망하거나 포기해서는 안 된다. 계획하지 않은 것보다는 훨씬 목표에 가까이 다가가 있음을 잊지 말자. 현실적이면서도 끈질기게 밀어붙이는 강인함이 필요하다.

## 결혼은
## 끝없는 여행이다

결혼은 아무도 목적지에 도달하지 못하는 여행이지 종착역이 아니라는 사실을 잊지 말자. 여행을 하는 동안 부부관계는 어떤 때는 뿌리 채 뽑혀서 다른 곳에 심어지기도 하지만 마치 열대관상목처럼 그 과정을 거쳐 더욱 강해지고 번성하게 된다. 부부가 함께 성장하려고 노력하면 쑥쑥 자라나고 더 가까워질 수 있는 잠재력을 갖게 된다. 여행을 하는 동안 부부관계에는 뿌리 채 뽑아서 옮겨 심어야 할 열대관상목들이 여기저기에 자라고 있을 수 있다. 또한 실수도 안일함과 타성에서 벗어나 다시 성장하게 하는 촉진제 역할을 한다. 건강하게 자라는 우리 부부의 열대관상목이 살아있는 증거이다.

우리가 열대관상목을 화분에 옮겨서 집안으로 가져왔을 때 정원에 남은 웅덩이는 어떻게 되었을까? 우리는 그곳에 꼭 맞는 한 나무를 심었다. 그 나무를 볼 때마다 그 자리에서 햇볕을 마음껏 즐겼던 열대관상목을 떠올린다. 그리고 모험과 탐구정신을 절대로 포기하지 말자고 다짐한다. 필요할 때는 언제라도 위험을 감수하겠다는 용기를 끌어올린다. 그리고 성장할 수 있는 기회와 도전에서 절대로 회피하지 않기로 마음먹는다. 그리고 우리의 미래를 위해 계속해서 함께 투자하기로 결심한다.

자주 암송하고 인용하는 로버트 브라우닝의 시 한 구절이 있다. 우리의 미래를 그대로 보여준다. 우리는 이 구절을 작은 나무판에 적어서 나무 곁에 세워놓았다.

"나와 함께 늙어가자. 최고로 좋은 시절은 아직 저 앞에 있다."

부부관계를 위해 아낌없이 투자하기 바란다. 두 사람만을 위한 시간을 늘 마련하자. 함께하는 시간을 항상 즐겁게 보내자. 그러면 우리도 최고로 좋은 시절을 곧 맞이하게 될 것이다.

이제 데이트 길잡이의 아홉 번째 데이트를 편다. 미래를 위해서 함께 무엇을 어떻게 투자할지에 관해 즐거운 대화를 나눈다.

열 번째 데이트

# 빈둥우리를
# 즐거움으로 채우자

빈 둥우리 부부의 관계를 개선하는 데는 함께 즐거움을 나누는 것보다 더 좋은 방법은 없다. 클라크와 에이프릴이 빈 둥우리 시기로 들어섰을 때의 부부관계는 그리 원만하지 않았다. 둘 다 교사였고 그들에게는 가르치는 일이 삶의 전부였다. 그러던 어느 날, 어느 때보다 심하게 다투고 난 뒤 그들은 더 이상 이런 식으로 재미없게 살 수 없다는 데 의견을 모으고 뭔가 적절한 조치를 취하기로 동의했다.

그 무렵 그들은 빈 둥우리 부부들의 독서회 모임에 초청받았다. 빈 둥우리 부부들이 2주에 한 번씩 금요일 저녁에 모여 독서 토론을 벌이고 즐기는 모임이었다. 마침 이 모임이 토론하던 책이 우리 부부가 쓴 『결혼생활 후반전(The Second Half of Marriage)』이었다. 우리 부부도 저녁 식사에 초대받았다.

우리는 모임 장소에 도착해서 집안 구경을 했다. 주인 부부는 적극적으로 놀이를 즐기는 빈 둥우리 부부임이 확실했다. 거실은 나선형 계단을 타고 지하로 내려가면 곧바로 뜨거운 사우나실로 연결되도록 설계되어 있었다. 침실에는 하트 모양의 월풀이 설치되어 연인끼리 마음껏 즐기기 좋아 보였다. 주인 부부는 자기 집을 '빈 둥우리 부부를 위한 놀이동산'이라고 불렀다. 물론 이용객은 그들 부부였다. 그들이 서로를 바라보는 눈길에는 사랑이 불꽃처럼 튀었다. 한때 사는 게 너무 지루해서 죽네 사네하며 싸웠던 흔적은 어디에도 없었다. 클라크와 에이프릴 부부는 놀이와 즐거움이 특히 빈 둥우리 부부에게는 없어서는 안 될 중요한 요소임을 확인했다.

여러분은 아이들을 모두 떠나보낸 후에 부부관계에 다시 활력을 불어넣을 수 있다. 이로 인해 더욱 친밀해진 부부관계는 지난 십 수 년 간 아이들을 키우느라 눈코 뜰 새 없이 바빴던 세월에 대한 보상이다. 오랫동안 지속되는 성공적인 결혼생활의 가장 중요한 지표는 부부 사이의 깊은 애정이다. 이 애정을 쌓아가는 방법으로 함께 즐기는 것보다 더 좋은 것은 없다.

## 장점을 강조한다

빈 둥우리 시기에 즐거움을 보강하기 위한 첫 번째 단계는 서로의 장점을 강조하는 것이었다. 부부 간에 남아있는 미운 정 고운 정을 모두 끌어내서 키우고 키운다. 당신과 함께 사는 것이 어째서 좋은지를 자꾸 말해주면 없던 애정도 생긴다.

4장에서 소개한 라손과 비비안 부부의 예를 들어보자. 그들은 카펫 밑으로 계속해서 밀어 넣었던 고양이 시체들 때문에 이혼 직전까지 갔다. 오랫동안 서로를 부정적으로 대했기 때문에 따뜻한 부부관계를 회복하는 데 힘들었다. 라손은 긴장감으로 팽팽한 토론 시간 중에 '아하' 하며 깨달음을 얻었다. 그는 비비안을 바라보았다.

"여보, 우리가 비록 아등바등 다투며 살기는 했지만 우리 사이에도 그

동안 쌓인 정이 적지 않다는 생각이 들었소. 당신도 알다시피 겉으로는 당신을 미워하는 것처럼 보이겠지만 속으로는 당신을 정말 좋아했소."

비비안은 다정하게 웃으며 말을 거들었다.

"당신 말이 맞아요. 지난 십 수 년 동안 우리 사이에 미운 정 고운 정이 얼마나 깊이 쌓였는지 몰라요. 지금은 우리의 애정을 더 키워갈 때에요."

맞는 말이었다. 이들은 서로를 헐뜯던 자세에서 벗어나 긍정적인 방향으로 돌아섰다. 서로에 대한 깊은 애정을 확인하고 강조하면서 앞으로 더욱 키워나가기로 결심한 것이다.

부부가 서로 좋아하고 함께 있는 것 자체를 즐기며 애정을 가꾸고 키운다면 해로할 수 있다. 버지니아대학교와 덴버대학교의 연구조사자들은 성공적인 부부관계의 중요한 지표를 '분노를 어떻게 해결하느냐'와 '부부 간의 정이 얼마나 깊으냐' 이 두 가지라고 말한다. 동의한다. 우리 부부가 오래 해로하는 결혼생활에 관해 전국적으로 실시한 설문조사에 따르면 성공적인 결혼생활의 가장 중요한 지표는 부부 간의 정의 깊이로 나타났다.

라손과 비비안 부부가 회복으로 돌아선 시발점은 서로 간의 정을 확인하고 앞으로 더욱 돈독하게 가꿔가겠다고 결심한 순간이다. 우리가 보기에도 지난 십 수 년 동안 쌓아온 정이 없었다면 그들의 관계는 회복되기 힘들었다. 여러분도 이제까지 함께 살아온 시간들을 더듬어보며 서로에 대한 애정을 확인하기 바란다. 쌓인 정이 별로 없더라도 겁먹거나 포기해서는 안 된다. 오늘부터라도 쌓아가기 시작하면 된다. 여러분의 선택에 달렸다.

가장 잔인하고 비정한 짓은 배우자를 찢어발기는 것이다. 부부관계의 핵심을 깨트려 부숴버리는 것이나 다름없다. 모든 부부는 서로에게서 인정받고 싶어서 필사적이다. 때문에 서로를 힘껏 격려해야 한다. 부부관계는 안전한 환경과 편안한 공간, 격려 받는 분위기를 제공해야 한다. 배우자를 짓밟기보다는 세워주고 붙들어준다면 긍정적인 영향을 준다.

독일의 위대한 시인이자 철학자 괴테는 말했다.

"사람을 있는 그대로 대우하면 그냥 그대로 머물러 있을 것이다. 그러나 앞으로 되어야 할 사람, 앞으로 될 가능성이 있는 사람으로 대우하면 틀림없이 그와 같은 사람이 된다."

괴테의 눈으로 배우자를 바라보기 바란다. 배우자는 지금 어떤 위험을 감수하며 모험에 도전하고 있는지도 모른다. 새로운 기술을 습득하거나 이직을 준비하는 과정일 수도 있다. 성장하고 변화하는 데 필요한 장점과 능력을 배우자에게서 찾아내어 확인해주고 인정하기 바란다. 배우자의 장점에 초점을 맞추기 위한 세 가지 방법을 알아보자.

## 서로의 장점에 집중하자

누구나 장점과 단점을 가지고 있다. 장점이 성공을 보장하는 것도, 단점이 반드시 실패를 가져오는 것도 아니다. 우리의 장점과 단점은 부부생활을 해나가는 배경에 불과하다. 부부는 배우자가 장점을 더 살릴 수 있도록 격려해야 한다. 우리는 배우자의 약점으로부터도 배울 수 있다. 먼저 배우자의 장점 목록을 만든다. 기회가 있을 때마다 그 장점들을 인정하고 격려한다.

## 자신의 장점과 단점을 점검한다

한 연구조사에 따르면 안정된 부부관계를 위해서는 부정적인 순간보다 긍정적인 시간이 다섯 배는 더 많아야 하는 것으로 나타났다. 더욱 노력하자. 하루 24시간 동안 부정적인 발언과 긍정적인 발언을 각각 얼마나 많이 하는지 기록한다. 5대 1은 안정선이라는 것이지 결코 만족스러운 수준은 아니다. 적어도 7대 1은 되어야만 건강한 관계라 할 수 있다.

### 장점 목록을 만든다

대개 부정적인 생각이 들면 겉으로 요란하게 표현하는 경향이 있다. 부정적인 생각들은 쉽게 드러난다. 반대로 긍정적인 생각이나 부드러운 감정들은 혼자서만 간직하고 마는 경우가 많다. 긍정적인 느낌들을 글로 적어서 표현하는 습관을 기르는 것이 중요하다. 배우자의 긍정적인 면들을 목록으로 만들어본다. 여러분의 배우자는 사랑과 헌신을 어떻게 표현하는가? 사업이나 재정적인 문제에 부딪쳤을 때 어떤 의연함을 보여주는가? 긍정적인 생각을 품는 습관을 형성하는 데에는 오랜 시간이 걸리고 인내가 필요하다. 그러나 끈기 있게 개발해나갈 가치가 있다. 그럴만한 가치가 있는 습관이 바로 긍정적인 태도와 사고이다.

배우자의 부정적인 면이 마음에 거슬릴 때에는 마음속으로 그의 장점 목록을 살핀다. 배우자는 여러분이 얼마나 사랑하고 고마워하는지 아는가? 아마 모를 것이다. 긍정적인 사고와 감정을 말로 표현해서 칭찬하고 인정해주자.

우리 부부와 가까이 지내는 카터는 아내의 31가지 장점과 고마운 점을 목록으로 만들었다. 그것을 타이핑한 뒤 하나씩 잘라 접어서 31개의 캡슐에 집어넣었다. '하루에 하나씩 한 달 동안 복용하세요.' 라는 처방과 함께 이 캡슐들을 예쁜 병에 담아 아내에게 선물했다.

### 두터운 정을 쌓아간다

배우자와의 정을 새록새록 쌓기 위해서 어떻게 하고 있는가? 정만 두텁게 쌓을 수 있으면 이혼 걱정은 하지 않아도 된다. 무엇이든 함께 즐기면서 두텁게 정을 쌓아가던 부부가 어느 날 갑자기 이혼하겠다고 법정에 서는 일이 일어나겠는가? 정을 두텁게 쌓으려면 우선 될 수 있는 대로 많은 시간을 함께 보내야 한다.

여러분은 배우자와 함께 사귀는 친구들이 있는가? 부부 친구들은 있는가? 없다면 부부끼리 모여서 함께 즐기는 친구들을 꼭 만들기 바란다. 비슷한 가치관과 취미활동을 가지고 있는 부부들과 함께 만날 수 있는 모임에 가입해도 좋다. 다른 부부들과 함께 즐기다보면 부부관계도 좋아지고 정도 더욱 깊어질 것이다.

## 지평선을 확장한다

결혼생활 후반부에는 부부가 함께 즐기며 할 수 있는 일들을 찾아내서 개발함으로써 지평선을 확장시킬 필요가 있다. 부부 학습 모임, 지역사회 프로그램, 자원봉사 단체 등에 가입하는 것도 좋다. 함께 학원에 등록해서 좋아하는 과목을 수강하는 것도 유익하다. 자전거 하이킹이나 요트 조종법을 함께 배우는 것은 어떤가? 부부끼리 헬스클럽에 가입하거나 개인 트레이너를 구할 수도 있다. 우리 부부와 가깝게 지내는 커트와 넬리 부부는 결혼 상담업에 종사하는데 개인 트레이너 부부와 계약을 맺었다. 개인 트레이너 부부들은 커트 부부에게 몸매를 날씬하게 가꾸는 법을 가르쳐주고, 커트 부부는 부부관계를 개선하는 방법들을 일러주기로 했다.

## 웃으며 밝게 살자

십대 아이들을 키우다보면 스트레스에 짓눌려 유머 감각을 잃고 심각하게 변한다. 그러다가 빈 둥우리 시기에 들어간 부부들은 마음이 울적하게 가라앉아서 어찌할 바를 모른다. 이제는 마음의 허리띠를 풀고 느긋한 태도로 유머도 즐기고 웃음과 즐거움으로 빈 둥우리를 채워야 한다.

　유머 감각을 되찾기 어렵다면 재미있는 친구 부부들과 어울려 보라. 재미있는 책을 읽는 것도 좋다. 배꼽 붙잡게 하는 장면이 있으면 큰 소리로 읽으며 함께 실컷 웃는다. 유머를 찾아라. 그리하면 찾을 것이다. 코주부 안경을 쓰고 저녁 식탁에 천연덕스럽게 앉는다거나 배우자의 옷장을 풍선으로 가득 채우는 것도 추천한다. 유머를 찾을수록 빈 둥우리는 더욱 즐거워진다.

**웃는 법을 익히자**
살다보면 웃어야 할지 화를 내야 할지 모를 때가 종종 있다. 이때는 웃는 편이 좋다. 웃음은 긴장을 녹인다. 마음을 느긋하게 풀어준다. 우리 몸의 건강에도 웃음은 특효약이다. 부부관계에는 물어볼 것도 없이 만병통치약이다. 함께 웃을 때 상대를 인정하고 받아들이기가 훨씬 더 쉽다.

　스트레스로 마음이 짓눌려 있을 때도 모든 일을 긍정적으로 보는 방법을 찾으면 어느 정도 벗어날 수 있다. 살다보면 누구나 어려운 일과 만나게 된다. 이때 너무 비판적이거나 참지 못해 까다롭게 굴면 어려운 상황이 더욱 힘들어진다. 한 걸음 물러나서 자신이 처한 상황을 가벼운 마음으로 바라볼 수 있다면 웃을 수 있는 부분들을 쉽게 찾아낼 수 있다. 웃음은 인간관계를 긍정적인 방향으로 이끌어가는 힘이 있다.

**불완전한 자신을 용서하고 받아들인다**
완벽한 사람은 없다. 여러분도 불완전하고 배우자도 그렇다. 우리는 자기 자신의 단점도 농담거리로 삼을 수 있다. 그러나 농담과 비웃음의 차이는 매우 미묘해서 조심해야 한다. 자칫 잘못하면 유머가 조롱으로 변할 수도 있다. 부부가 함께 웃을 수 있는 유머여야 하며 여러분 자신은 괜찮지만 배우자를 조롱거리로 삼는 일은 절대 없어야 한다.

### 유머 감각 개발

모든 일을 너무 심각하게 받아들이지 않는다면, 마음을 느긋하게 가질 수 있다. 삶의 밝은 면을 보면서 쉽게 웃을 수 있다. 웃음은 우리 마음을 해방시킨다. 부부가 늘 자연스럽게 농담을 주고받으면 그보다 좋은 일은 없다. 우리 부부는 재미있는 만화나 농담을 냉장고 문에 붙인다. 어떤 상황이든, 특히 신경이 날카롭게 곤두서있는 경우에는 웃을 거리를 찾아내려고 더욱 노력해야 한다. 재미있는 일이 생기면 꼭 배우자와 나누자. 그리고 함께 웃자.

유머거리로는 다음과 같은 것들이 있다.

* 신문의 만화
* 유머 모음 도서나 재미있는 이야기책들
* 친구나 직장 동료에게 들은 농담이나 우스운 이야기들(우리 부부는 우스운 이야기를 들으면 잊어버리지 않으려고 그 자리에서 수첩에 적는다.)
* 「열두 명의 원수들」이나 「신부의 아버지」와 같은 코믹영화나 텔레비전 코미디 프로그램
* 재미있는 친구들을 사귄다. 부부가 둘 다 신중한 성격이라면 재미있는 부부를 친구로 두는 것이 좋다.

수년 전에 부부 사랑 살리기 세미나에 오페라 가수 부부가 참석한 적이 있다. 이 부부는 둘 다 내성적인데다 진지하기까지 했다. 우리는 그들에게 활달한 부부를 친구로 삼으라고 권했다. 그들은 농담을 즐기는 부부들을 저녁식사에 초대하기 시작했다. 즐거운 친구들과 지내면서 마음이 느슨해지고 웃기도 잘했다. 삶의 새로운 즐거움을 발견하게 되었다. 그들은 유머로 서로를 격려하고 지지하는 방법을 터득하기 시작했다.

## 기쁨 지수를 높이자

그리스 역사가 헤로도토스는 이렇게 이야기했다.

"사람이 매사에 너무 심각해서 느긋하게 즐기는 시간을 조금도 허용하지 않으면 자기도 모르는 사이에 미치거나 불안증에 시달리게 된다."

이 말은 누구에게나 해당한다. 빈 둥우리 부부들은 특히 명심해야 한다. 우리가 아는 빈 둥우리 부부 중 가장 재미있는 친구들은 데이브와 지니이다. 그들은 어떤 부부든 노력만 하면 보다 즐겁게 살 수 있다고 믿는다.

국제 부부사랑 살리기 회의에 연사로 초청받았을 때 데이브와 지니가 우리를 도왔다. 공항에 마중 나온 그들의 차에 타는 순간 알 수 있었다. 그들은 결혼한 지 40년이 되었지만 여전히 서로를 지극하게 사랑하고 있었다. 그 비결이 무엇인지 궁금했다. 호기심이 발동한 우리는 오후에 시간을 내서 데이브와 지니가 인도하는 워크샵 〈여보야, 이제 뭘 할까?〉에 참석했다. 이 부부가 부부관계를 놀이와 즐거움으로 채웠던 방법 중 1위부터 10위는 다음과 같다.

### 데이브와 지니의 열 가지 방법

1. **애칭을 만들어 부른다.** 이 부부는 백 개가 넘는 애칭을 가지고 있다. 게다가 매일 한두 개씩 더 만들어내는 것 같다. 애칭 중에는 '버니 러버'도 있다. 토끼 인형을 너무 좋아해서 여행 다닐 때에도 네 개 이상은 가지고 다니기 때문이다.
2. **매우 독창적인 방법으로 서로를 늘 칭찬한다.** 식물이 물이 없으면 살 수 없듯 그들은 배우자에게 칭찬과 격려를 받아야만 살 수 있다.
3. **연애편지를 쓴다.** 짧은 사랑의 편지를 써서 배우자가 발견할 수 있는 집안 곳곳에 숨겨둔다. 읽고 있는 책이나 배우자의 옷 주머니에 넣어두어도 좋다.
4. **부부만의 특별한 의식이나 키스 방법을 개발한다.** 사랑은 태도와 관점에 달려있다. 직장에서는 성희롱에 해당하는 행위도 집안에서는 애정 표시가 된다.
5. **정기적으로 데이트를 한다**(정말 마음에 드는 부분이다.).
6. **갈등을 장난스러운 방법으로 해결한다.** 예를 들어 10분 침묵 규칙이 있다. 누구든 10분 침묵을 선언할 수 있다. 하는 짓마저 꼴 보기 싫을 때에는 '10분 동안 눈앞에서 사라지기'도 선포할 수 있다. 10분이 지나면 대부분 마음이 가라앉아서 바로 보이기 시작한다.
7. 공항에서 작별 키스를 하고서는 아무 일 없다는 듯이 함께 비행기에 탄다.
8. **사람들 앞에서 배우자에게 다시 결혼해달라고 청혼한다.** 데이브는 슈퍼마켓 계산대 앞에서 돈을 지불하다 말고 지니에게 다시 결혼해 달라고 청혼했다. 지니는 열정적으로 "네, 하겠어요!"라고 대답했다.

9. 서로를 다정하게 놀린다. 놀릴 때에는 배우자의 기분을 배려해야 한다. 절대로 아픈 곳을 건드리지 말아야 한다. 웃음거리를 함께 찾는다. 너무 거드름을 피워서는 웃기 힘들다.
10. 장기적인 삶의 목표를 서로 이야기한다.

이 목록을 참고하면 좋은 아이디어를 얻을 수 있을 것이다. 마음에 드는 것이 있다면 시도해보자. 배우자에 대한 정이 새록새록 솟아날 것이다.

**즐거운 아이디어들**
우리 부부가 인도하는 세미나에 참석한 빈 둥우리 부부들에게서 얻은 멋진 아이디어들을 소개한다.

* 우리는 함께 요리 만들기를 좋아한다. 최근에 북 이탈리아 요리 강습을 함께 받았다.
* 우리는 함께 사과 따기를 즐긴다.
* 우리는 일요일 오후에 배를 타고 강에 나가 후미진 곳에 닻을 내리고 함께 신문을 읽는다.
* 손자손녀를 한 번에 한 명씩 맡아 길러준다.
* 우리는 베란다에 설치한 그네 의자에 함께 앉아서 흔들며 이야기한다.
* 최근에 인터넷 검색과 이메일 사용법을 배웠다. 자녀들이나 손자손녀들과 소식을 주고받기가 매우 쉬워졌다.
* 서른 번째 결혼기념일에 함께 하고 싶은 일 30가지 목록을 만들었다. 이 목록에 따라 하나씩 해나가고 있는 중이다.

## 끝으로 드리는 말씀

마지막으로 드리고 싶은 말씀은 빈 둥우리를 즐거움으로 채우기 위해서는 무엇보다도 데이트를 정기적으로 하라는 것이다. 열 번의 데이트를 성실하게 따르다보면 규칙적으로 데이트하는 습관을 만들어갈 수 있을 것이다. 데이트로 모든 문제를 해결하는 사고방식을 길러야 한다. 다시 말해서 모든 활동을 배우자와 하는 즐거운 데이트 안에 짜 맞춰 넣어야 한다. 이처럼 모든 일을 데이트로 승화시킨다면 부부생활은 그보다 더 즐거울 수 없을 것이다. 슈퍼마켓에 가서 식료품을 사거나 우체국에 소포 붙이러 가는 일까지도 즐거운 데이트로 만들 수 있다. 즐기면서 애정도 더 두텁게 하는 데이트를 하자. 때로는 중요한 문제를 해결하기 위한 데이트도 필요하다.

매년 10월에는 독감 예방 주사를 맞아야 한다. 우리 부부는 이 고통스러운 행사도 데이트로 즐긴다. 테네시 주 녹스빌에서는 의대 부속 병원에서 매년 10월 세 번째 토요일에 무료 독감 예방 주사 접종을 실시한다. 우리 부부에게는 연례행사가 되었다. 그곳에 가면 오랫동안 만나지 못했던 친구들도 만난다. 어려운 사람들을 돕는 빈 양말 자선기금 모음에 기부도 한다. 우리 부부와 가깝게 지내는 보브 박사는 독감 예방 주사를 맞으면 독감이 유행할 때 적어도 10일은 더 부부관계에 투자할 수 있는 이득이 있다고 말했다. 나(데이브)는 클라우디아가 주사를 맞을 때 그녀의 손을 꼭 잡아주고, 그녀도 내가 주사를 맞을 때 그렇게 한다. 돌아오는 길에는 커피숍에 들러 맛있는 커피를 마시며 대화를 나누고 슈퍼마켓에서 식품을 사서 집에 온다. 우리는 매년 가을마다 독감 주사를 맞고 싶어서 손꼽아(?) 기다린다. 단순히 귀찮은 일이 아니라 함께 즐거운 시간을 갖는 데이트이기 때문이다. 꼭 해야 하는 것 중에서 즐거운 데이트로 승화시킬 수 있는 일을 찾아보자.

## 이제 시작만 남았다

즐거운 데이트를 위해서는 부부가 다른 일에 신경 쓰지 않고 데이트에만 집중할 수 있는 계획을 세워야 한다. 둘이서 함께 가보고 싶었던 곳이 있으면 그곳에서 데이트를 즐길 계획을 짠다. 원하는 사람이 먼저 서둘러 부부관계를 재미와 즐거움과 새록새록 솟아나는 정으로 채워야 할 것이다. 함께 웃고 사랑하고 즐기기 바란다. 자! 이제 데이트를 시작하자.

데이트 길잡이의 열 번째 데이트를 펴고서 즐거움을 찾아 출발하자.

# 저자 소개

클라우디아 알프와 데이비드 알프 부부 (MSW)는 한 팀이 되어서 국제 부부사랑 살리기 운동을 창설했으며, 보다 나은 부부관계와 가정생활을 위한 자원과 훈련 프로그램을 개발하여 지역교회들을 돕는 사역을 하고 있다. 알프 부부가 이끄는 부부사랑 살리기 세미나는 미국과 유럽 전역에서 선풍적인 인기를 얻었다.

데이비드는 University of Tennessee에서 사회봉사학 석사학위를 수여했으며 클라우디아는 University of Georgia에서 가정경제 교육학 학사 과정을 이수하였다. 알프 부부는 「유엔의 국제 가정의 해 1994년」이라는 제목의 논문을 썼다.

알프 부부는 각종 모임의 연사, 기고가, 저자, 비디오 자료 제작자로서 분주한 나날을 보내는 중이다. 그들이 공동으로 집필한 책으로는 『부부사랑 살리기를 위한 열 번의 데이트』, 『부모의 성생활』, 『빈 둥우리 부부』 그리고 금메달을 수상한 『결혼생활 후반전』 등이 있다. 많은 저서와 대중매체 출연으로 널리 알려져 있는데 특히 NBC 투데이쇼, CBS 디스 모닝 그리고 포커스 언 더 패밀리에 빈 둥우리 가정 전문가로 출연한 적이 있다. 그리고 알프 부부의 글은 USA투데이, 크리스천사이언모니터, 리더스다이제스트, 매리지파트너십, 포커스언더패밀리 잡지 등에 정기적으로 실리고 있다.

데이비드와 클라우디아 알프 부부는 결혼한 지 40년 되었으며 결혼한 세 아들과 여덟 명의 손자손녀를 두고 있고 테네시주 녹스빌에서 살고 있다.

부부 사랑 가꾸기 세미나, 자녀 양육 세미나를 열거나 알프 부부를 집회의 강사로 초대하고 싶은 분은 1-888-690-6667로 연락하거나 www.marriagealive.com에 방문하시기 바란다.

# 국제 부부사랑 살리기 운동

국제 부부사랑 살리기 운동은 데이비드 알프와 클라우디아 알프 부부에 의해 창설되었으며 보다 나은 부부생활과 가정생활을 위한 자료와 세미나와 훈련 프로그램을 제공하여 지역교회를 돕고 있다. 부부사랑 살리기 운동은 또한 지역 단체와 미군, 학교 사업체 등과도 함께 일한다.

알프 부부는 미국과 유럽에서 부부 사역에 30년 동안 헌신적으로 일해오고 있다. 부부사랑 살리기 세미나는 미국과 유럽에서 선풍적인 인기를 얻고 있다. 부부사랑 살리기 운동은 지도자들을 찾아내고 훈련하고 준비시킨다. 그들을 통해서 다른 모든 부부들에게 성서적 원리와 현대의 심리학적 연구와 실용적인 적용 그리고 즐거움을 기반으로 하는 보다 튼튼한 부부관계와 가족관계를 이루어가도록 돕고 있다.

## 부부사랑 살리기 운동의 자원과 서비스

* 7개 국어로 번역되어 있는 부부관계, 가족 관계에 관한 다양한 서적들
* 부부사랑 가꾸기를 위한 열 번의 데이트와 결혼 후반전을 위한 비디오 교육 자료
* 〈결혼 서약하기 전에〉, 〈부부사랑 살리기〉, 〈결혼 후반전〉, 〈빈 둥우리 부부〉를 위한 다양한 세미나
* 자문, 훈련, 지도자 양성, 멘토링

www.marriagealive.com이나 1-(888)690-6667로 연락하시기 바란다.

무료 Marriage Builder 이메일 신문을 구독하실 분은 www.marriagealive.com에 등록하시기 바란다.

제 2 부

# 데이트 길잡이

# 10 GREAT DATES
# FOR EMPTY NESTERS

2부의 과제는 아내와 남편이 따로 수행하도록 되어 있다.
각 페이지를 오려서 활용해보자.

# 빈 둥우리부부를 위한 열 번의 데이트 **일정표 짜기**

각 데이트를 할 수 있는 날짜를 적어 넣는다

첫 번째 데이트 \ **빈 둥우리 축제**

날짜와 시간 _____

두 번째 데이트 \ **다시 둘만의 삶**

날짜와 시간 _____

세 번째 데이트 \ **친밀한 대화 회복**

날짜와 시간 _____

네 번째 데이트 \ **대청소**

날짜와 시간 _____

다섯 번째 데이트 \ **역할 재조정**

날짜와 시간 _____

여섯 번째 데이트 \ **다시 피는 사랑의 봄**

날짜와 시간 _____

일곱 번째 데이트 \ **확대가족 사랑**

날짜와 시간 _____

여덟 번째 데이트 \ **영적으로 함께 성장하자**

날짜와 시간 _____

아홉 번째 데이트 \ **미래를 위한 준비**

날짜와 시간 _____

열 번째 데이트 \ **빈 둥우리를 즐거움으로 채우자**

날짜와 시간 _____

## 데이트 기본 수칙 \ 각 데이트에서 최선의 효과를 거두기 위해서는 다음 규칙들을 지키는 것이 좋다.

- **해당하는 장과 요약을 또는 둘 중 하나만이라도 꼭 읽자.** 연습 문제를 풀지 않았다면 토론하기 전에 반드시 답을 적어 넣는다.
- **항상 긍정적으로 생각한다.** 누구든 배우자에게 하고 싶은 말은 반드시 있다. 그러나 지난 10년 동안 배우자가 잘못한 일들을 따지는 시간은 아님을 잊지 말기 바란다.
- **미래에 초점을 맞춘다.** 앞으로 부부관계가 어떻게 변하기를 원하는지 이야기한다. 과거의 실패에 초점을 맞추어서는 안 된다. 성공했던 기억은 이야기해도 좋다.
- **부부관계에 관해서만 이야기한다.** 아이들이나 직업, 장모 등 부부관계 외의 일에 관해서는 입도 벌리지 않는다.
- **사랑의 선물을 준비한다.** 데이트마다 즐겁지 않을지도 모른다. 흥미가 덜 있는 데이트를 갖기 전에는 반드시 사랑의 선물을 준비해서 기대감과 흥미를 더해야 한다.
- **억지로 하지는 말기 바란다.** 어떤 데이트는 대화가 자꾸 부정적인 방향으로 흘러가서 어려울 때가 있다. 그럴 때에는 중단하고 보다 재미있고 흥미로운 주제로 넘어간다. 볼링이나 테니스, 산책, 맛있는 케이크 등 부부가 모두 좋아하는 화제를 택한다.
- **효과적인 의사소통 기술을 사용한다.** 이제까지는 알지 못했던 새로운 모습을 배우자에게서 보게 될지도 모르니 기대하기 바란다. 그리고 그로 인해 부부관계가 더욱 친밀해지고 성숙하게 될 것이다. 묻고 대답할 때에 다음과 같은 점들을 유의하기 바란다.
- **솔직해라 그러나 무례해서는 안 된다.**

- ⚜ 의견을 이야기할 때 항상 "나는…"으로 시작해서 배우자도 자신의 생각을 이야기하도록 도와준다.
- ⚜ 배우자를 공격하거나 자신을 방어하려고 해서는 안 된다.
- ⚜ 할 수 있는 한 항상 감정 표현 공식을 사용하려고 한다.
- ⚜ 구체적이면서도 긍정적이어야 한다.
- ⚜ **데이트를 즐기도록 노력해야 한다.** 무엇을 목적으로 배우자와 데이트를 하고 있는지 잊어서는 안 된다. 부부관계에 활력을 불어넣고 더욱 풍성하게 하기 위해서 데이트를 하고 있다. 데이트를 하면서 즐거워야 하는 것은 필수이다.
- ⚜ **데이트를 마치고 나서 적용해보아야 할 사항들을 잊어서는 안 된다.** 이 사항들은 데이트의 진행 과정을 도와줄 것이다. 다음 데이트를 하기 전에 준비를 위한 약식 데이트를 가지는 것도 부부관계를 보다 친밀하게 하는 데에 좋을 것이다. 아이들이 둥우리를 모두 떠나고 난 후에 부부관계를 더욱 풍요롭게 하기 위하여 계속해서 지켜나가야 할 건강한 부부 데이트 습관을 형성 또는 강화하고 있다는 사실을 늘 기억해야 한다.

# 첫 번째 데이트

### 빈 둥우리 축제

첫 번째 데이트에서는 부부관계가 현재 어떤 상태에 있는지를 점검하고 미래에 대한 소망과 꿈을 함께 나누면서 빈 둥우리시기에 들어선 것을 함께 즐기며 축하한다.

## 데이트 전에 준비할 사항

✤ 〈제1장 빈 둥우리 축제〉를 읽는다.
✤ **첫 번째 데이트의 과제를 읽으면서 느낀 점들을 적는다.** 데이트를 하기 전에 연습 문제들을 미리 살펴봐야 깊이 생각할 수 있는 시간을 얻을 수 있다. 배우자보다 말솜씨가 없다면 답을 적어가지고 가는 것도 좋다.
✤ **좋아하는 식당에 예약을 한다.** 기대감을 불러일으킬 수 있도록 식당 이름을 알려주지 않는 것도 좋다. 배우자를 위해 식당 테이블로 꽃을 배달시키는 것도 좋은 아이디어이다. 독창적인 아이디어를 얻기 위해서는 기억에 남는 데이트들을 참고로 하는 것도 좋을 것이다. 처음 만난 것은 언제인가? 처음으로 함께 나갔던 외출을 기억하는가? 머리에 생생하게 떠오르는 특별했던 데이트가 있는가?
✤ **어떤 옷을 입을지 생각해둔다.** 배우자가 좋아하는 옷을 입는다. 데이트라는 것을 잊지 말자.

## 데이트할 때 유의할 사항

✤ 저녁을 들면서 데이트 연습문제 1부에 나오는 질문들을 놓고 가볍게

**이야기를 나눈다.** 서로 배우자의 태도나 성격, 행동 등 모든 것 중에서 마음에 드는 부분에만 초점을 맞추고 강조한다(연습 문제를 끝까지 다 마치지 않아도 좋다. 하다가 중단했다 해도 나중에 다시 계속해서 이야기를 나눌 것이다.).

### 1장 요약

아이들이 집을 떠나고 나면 모든 것이 변한다. 어떤 부부들은 이러한 변화를 받아들이고 수용해야 한다. 어떤 부부들은 어찌할 바를 몰라 당황하면서 슬퍼한다. 빈 둥우리시기를 잘 시작하기 위하여 노력한다면 변화를 통해서 부부관계를 개선해나갈 수 있을 것이다. 다음과 같은 점들을 고려한다. 먼저 충분한 휴식을 취한다. 십대 아이들을 키워서 내보내느라 정서적으로 매우 고갈되어 있을 것이다. 남은 시간들을 억지로 메우려고 일을 만들거나 생활 패턴을 바꾸려 하지 말자. 전환기라는 것을 인정하고 받아들여야 한다. 단번에 모든 문제를 다 해결해버리려고 하지 말자. 전환기를 무사히 통과하는 것은 어렵다. 아이들이 무척 보고 싶을 것이고 익숙했던 부모역할을 그만 두는 것도 어려울 것이다. 그러나 보다 행복한 시절이 앞에 있다. 결혼생활의 이 새로운 계절을 여유 있게 축하하려고 노력하자. 이번 데이트에서는 자신의 부부관계를 자세히 들여다보면서 단점들을 인정하고 장점들을 살펴본다. 부부관계를 재정비하고 부부가 함께 사는 미래의 삶에 관해서 함께 꿈꾸는 시간이다.

아내

## 첫 번째 데이트의 과제

### 1부 \ 빈 둥우리 점검

1. 자신의 부부관계에서 가장 좋은 점들은 무엇인가?

2. 약한 부분들은? 싫어하는 점들은 무엇인가?

3. 절대로 다시 저지르고 싶지 않은 일들은?

4. 부부관계를 위하여 앞으로 어떤 일들을 하고 싶은가?

## 2부 \ 빈 둥우리시기를 위한 소망과 꿈을 함께 나눈다.

함께 이야기를 나누고 싶은 주제를 두세 개 고른다.
그리고 이 분야들에 관한 소망과 꿈들을 함께 이야기한다.

1. 이 세상 어디서든지 살 수 있다면 어디에서 살고 싶은가? 이유는?

2. 가장 이상적으로 생각하는 빈 둥우리는 어떤 모습인가?

3. 직업에 관한 소망과 열망은 무엇인가?

4. 정년퇴직에 대해 어떤 생각을 가지고 있는가?

5. 빈 둥우리시기에는 가족의 전통적인 명절이나 휴일을 보내는 방법에 어떤 변화가 올 것이라고 생각하는가?

6. 꿈에라도 꼭 한번 가보고 싶은 데이트 여행은?

남편

## 첫 번째 데이트의 과제

### 1부 \ 빈 둥우리 점검

1. 자신의 부부관계에서 가장 좋은 점들은 무엇인가?

2. 약한 부분들은? 싫어하는 점들은 무엇인가?

3. 절대로 다시 저지르고 싶지 않은 일들은?

4. 부부관계를 위하여 앞으로 어떤 일들을 하고 싶은가?

## 2부 \ 빈 둥우리시기를 위한 소망과 꿈을 함께 나눈다.

함께 이야기를 나누고 싶은 주제를 두세 개 고른다.
그리고 이 분야들에 관한 소망과 꿈들을 함께 이야기한다.

1. 이 세상 어디서든지 살 수 있다면 어디에서 살고 싶은가? 이유는?

2. 가장 이상적으로 생각하는 빈 둥우리는 어떤 모습인가?

3. 직업에 관한 소망과 열망은 무엇인가?

4. 정년퇴직에 대해 어떤 생각을 가지고 있는가?

5. 빈 둥우리시기에는 가족의 전통적인 명절이나 휴일을 보내는 방법에 어떤 변화가 올 것이라고 생각하는가?

6. 꿈에라도 꼭 한번 가보고 싶은 데이트 여행은?

## 데이트 후에 적용할 사항

⚜ 지금부터 다음 데이트까지 배우자를 칭찬하는 방법들을 생각해 본다.
⚜ 매일 진심에서 우러나는 칭찬 한마디를 직접, 전화로 또는 이메일을 통해서 한다.
⚜ 빈 둥우리시기에 들어선 것을 축하하면서 함께 하고 싶은 일들을 계획한다.
⚜ 다음 데이트를 하기 전에 양념 데이트를 한다.


## 양념 데이트

### 멋진 첫 데이트 재현
$$$(에너지 소비량=많다) 리무진을 전세로 빌려서 첫 데이트를 멋지게 재현한다. 첫 번째로 데이트를 했던 장소로 갈 수 있다면 더 좋을 것이다. 첫 번째 데이트 장소가 다른 도시나 나라라면 비행기표를 예약하고 전보다는 급이 더 높은 호텔을 잡아둔다

### 사랑하는 사람아 나와 함께 가자
$$$(에너지 소비량=많다) 청혼했던 곳으로 가거나 청혼하기 좋은 낭만적인 장소를 골라서 그 곳으로 간다. 다시 청혼한다. 우리 세미나에 참석한 한 부부가 에펠탑 위에서 청혼한 이야기를 들려줬다. 매우 낭만적으로 들렸다. 우리 부부는 우크라이나에서 세미나를 인도하고 돌아오는 길에 파리에 들렀다. 에펠탑에 갔더니 엘리베이터를 타려고 기다리는 여행객들이 너무 많았다. 할 수 없이 에펠탑 아래서 데이브가 클라우디아에게 청혼을 했다.

**꿈의 집 데이트**　　$$(에너지 소비량=중간) 새로 건축하는 주택 단지 모델 하우스 전시장을 찾아가 둘러보면서 마음에 드는 부분과 싫어하는 점들을 함께 이야기한다. 빈 둥우리시기에 살고 싶은 집에 관해서 대화를 나눈다.

**추억의 오솔길 데이트**　　$(에너지 소비=작다) 앨범이나 스크랩북을 꺼내 함께 보면서 살아온 삶들에 관해 이야기를 나눈다. 막내를 떠나보내고 난 직후에는 완전히 지쳐있을 것이다. 침실로 일찍 들어간다.

**홈시어터 데이트**　　$(에너지 소비량=작다) 첫 데이트 때 보았던 영화나 고전적인 로맨스 영화를 빌려 함께 본다. 팝콘을 튀겨 먹으며 소파에 편히 앉아서 보다가 함께 잠든다. 프로젝터가 있다면 벽이나 큰 스크린에 영화를 상영한다.

# 두 번째 데이트

### 다시 둘만의 삶

이번 데이트의 목적은 신혼시절을 되돌아보고 관심의 초점을 아이들로부터 부부의 미래로 옮겨서 다시 커플이 된 것을 축하한다.

## 데이트 전에 준비할 사항

❖ 〈제2장 다시 둘만의 삶〉을 읽는다.
❖ 두 번째 데이트의 과제를 살펴본다.
❖ 좋아하는 커피숍이나 한적한 공원을 물색한다. 둘이서만 조용히 이야기할 수 있는 곳이면 좋다.

## 데이트할 때 유의할 사항

❖ 〈다시 둘만의 삶〉에 관해서 이야기를 나눌 때 배우자에게만 집중하면서 그 사람과 다시 커플로 돌아가고 싶은 긍정적인 이유들을 확인하고 나눈다.
❖ 아이들이 다 자라서 둥우리를 떠나 자립하게 되었음을 축하한다.

## 2장 요약

아이들을 키우고 돌볼 때에는 항상 부모로서 감당해야하는 책임이 따랐기 때문에 마음의 여유가 없었다. 순간순간 반사적인 반응으로 떠오르는 감정이나 생각에 따라 살아가기가 쉬웠다. 아이들을 키워야 할 뿐 아니라 일에서도 성공을 거둬야 할 시기여서 더욱 그렇다. 부부관계에 쏟을 시간도 에너지도 모두 바닥난 상태이다. 하지만 아이들이 집을 떠나면 부부가 서로에게로 관심의 초점을 돌리면서 부부관계를 바닥부터 다시 쌓아올릴 수 있는 기회를 얻는다. 바로 그 때문에 그만큼 위험 부담이 더욱 커지는 것도 사실이다. 그 동안 부부관계가 매사에 가장 끝 순위였다면 부부가 정서적으로 완전히 단절되어 있을 가능성이 높다. 함께 나눌 수 있는 어떤 것이 남아있는지도 확신이 없다. 모든 것이 매우 불확실할 수 있다. 그리고 많은 빈 둥우리가 돌아온 성인 자녀들, 손자 손녀들, 연로한 부모들로 다시 채워지는 추세라 부부가 서로에게 초점을 맞추기가 더욱 어려워지고 있다. 어떤 부부들은 아직 부모 역할에 미련이 남아서 머뭇거리기도 한다. 그럴 때에는 자녀들이 이제 성인이 되었으므로 완전히 떠나보낸다는 편지를 써서 부치는 등 나름대로 일종의 의식을 마련하는 것도 좋다. 그래야만 배우자에게 관심을 다시 집중하고서 부부가 '우리'라는 의식을 보다 튼튼하게 키워갈 수 있을 것이다. 이번 데이트에서는 어떻게 하면 부부로 다시 하나가 될 수 있는지에 관해서 이야기를 나눌 것이다.

아내

# 두 번째 데이트의 과제

## 1부 \ 뒤돌아보기

1. 처음으로 커플이 되어 함께 지낼 때 어땠는지 생각해 보자.

2. 아이들이 태어나 부모가 되었을 때 부부관계는 어떻게 변했는가?

3. 이제까지 살아오면서 커플로 보냈던 즐거운 시간들은?

## 2부 \ 부모역할 떠나보내기

1. 부모가 되어서 가장 좋았던 점과 나빴던 점은?

2. 앞으로 십년 후에 자녀들이 어떻게 변해있을지 생각한다. 모두

결혼해서 가정을 이루고 있을까? 십년 안에 손자손녀들이 태어날 것으로 기대하는가?

3. 성인 자녀가 자립하도록 돕기 위해서는 어떤 조처들을 취해야 할 것으로 생각하는가?

## 3부 \ 앞을 내다보기

1. 부부가 함께 하고 싶은 일들은?

2. 시작해보고 싶은 취미 생활이나 활동은 무엇인가?

**남편**

## 두 번째 데이트의 과제

### 1부 \ 뒤돌아보기

1. 처음으로 커플이 되어 함께 지낼 때 어땠는지 생각해 보자.

2. 아이들이 태어나 부모가 되었을 때 부부관계는 어떻게 변했는가?

3. 이제까지 살아오면서 커플로 보냈던 즐거운 시간들은?

### 2부 \ 부모역할 떠나보내기

1. 부모가 되어서 가장 좋았던 점과 나빴던 점은?

2. 앞으로 십년 후에 자녀들이 어떻게 변해있을지 생각한다. 모두

결혼해서 가정을 이루고 있을까? 십년 안에 손자손녀들이 태어날 것으로 기대하는가?

3. 성인 자녀가 자립하도록 돕기 위해서는 어떤 조처들을 취해야 할 것으로 생각하는가?

## 3부 \ 앞을 내다보기

1. 부부가 함께 하고 싶은 일들은?

2. 시작해보고 싶은 취미 생활이나 활동은 무엇인가?

## 데이트 후에 적용할 사항

✤ 부부가 함께 즐기면서 다시 커플로 돌아갔음을 축하할 수 있는 행사들을 생각한다.
✤ 세 번째 데이트를 하기 전에 양념 데이트를 즐기면서 데이트에 대한 기대와 그 효과를 강화시킨다.

## 양념 데이트

**특별 제작 데이트**　　$$$(에너지 소비량=많다) 그동안 모아두었던 가족사진, 슬라이드, 비디오테이프 등을 꺼낸다. 전문가에게 맡겨서 가족사 DVD를 만든다. 몇 부 더 만들어서 자녀들에게도 나누어 준다. 이 데이트에서는 부부가 만든 DVD를 함께 보면서 다시 두 사람만이 되었음을 축하한다.

**추억 정리 데이트**　　$$(에너지 소비량=많다) 지하실, 다락방, 차고, 벽장 등을 모두 청소해서 추억거리들을 모은다. 가장 좋은 것들만 골라서 가족 스크랩북이나 보물 상자를 만든다. 공예품가게를 들러 예쁜 장식품들을 구해 스크랩북과 보물 상자를 꾸민다.

**책방 데이트**　　$(에너지 소비량=중간) 서점의 어린이 코너나 어린이공원 또는 장난감 상점에 들려서 아이들과 함께 했던 때를 기억한다. 손자손녀들과 함께 다시 올 것을 상상한다. 그리고 배우자가 좋아하는 책을 골라서 한권씩 선물한다. 그 안에 몇 자 적으면 더 좋을 것이다.

**비디오 데이트**   $(에너지 소비량=중간) 비디오 가게에 부부가 따로 가서 다시 둘만이 될 것을 축하할 수 있는 영화를 골라서 빌려온다(우리 부부는 둘 다 첫 데이트 때 함께 본 『피서지에서 생긴 일』을 빌려왔다.).

**피자 데이트**   $(에너지 소비량=작다) 피자를 집으로 배달시켜서 함께 먹으며 좋아하는 영화나 정원 가꾸기, 인테리어, 리모델링에 관한 DVD를 함께 본다.

# 세 번째 데이트

**친밀한 대화 회복**

이번 데이트에서는 자신의 습관적인 의사소통 방법을 살펴보고 친밀한 대화 방법을 연습하여 부부 사이의 단절된 부분들을 회복한다.

## 데이트 전에 준비할 사항

✤ 〈제3장 친밀한 대화 회복〉을 읽는다.
✤ 세 번째 데이트의 과제를 예습한다.
✤ 공원으로 피크닉 갈 준비를 한다. 둘이서 조용히 이야기할 수 있는 곳을 고른다. 다른 적절한 장소를 선택하고 싶으면 이번 데이트 마지막에 나오는 양념 데이트를 참고한다.

## 데이트할 때 유의할 사항

✤ 세 번째 데이트의 과제를 놓고 함께 이야기한다. 서로 번갈아 가면서 각 문제에 대한 생각을 먼저 이야기한다.
✤ 뒤에 나오는 데이트 기본 수칙의 의사소통 부분을 복습한다.
✤ 특기 사항: 매사에 긍정적이어야 한다. 서로 의견이 맞지 않을 때에는 적어 두거나 표시한 후에 다시 다룬다. 이번 데이트에 모든 것을 해결하려 하지 말자.

## 3장 요약

빈 둥우리시기에 들어선 부부들은 의사소통 기술이 녹슬어 있을 때가 많다. 이제까지는 아이들과 그들의 십대 위기들에 관해서 주로 이야기를 했다. 아이들이 보다 깊은 친밀한 대화를 가로막는 방파제 역할을 해왔다. 이제는 할 이야기가 사라져 가끔 입을 다물고 있어야 한다. 그 침묵의 시간들이 매우 부담스럽다. 다시 말해서 친밀한 대화를 회복해야 할 때가 온 것이다. 보다 친밀한 대화를 위해서는 먼저 지금 어떤 의사소통 방법을 사용하는지 알아야 한다. 말하기 곤란한 화제가 나오면 피하는가 아니면 추궁하는가? 긍정적인 생각과 말하기 전에 한 번 더 생각하는 습관과 상대방의 관점을 인정하는 법을 익혀야만 의사소통 방법을 개선할 수 있다. 부정적인 의사소통 방법은 버려야 한다. 상대를 짓밟거나 잘못된 가정을 기정사실로 받아들여서는 안 된다.

진정으로 듣는 연습을 해야 한다. 말에만 신경 쓰기보다는 어조나 표정 등 비언어적인 전달을 놓치지 않으려고 노력한다. 심각한 이야기를 꺼내기 전에는 먼저 자신이 처한 상황을 고려한다. 배우자나 여러분이 대화에 집중하지 못하거나 피곤하거나 기분이 언짢다면 깊은 이야기를 나누기에 좋은 시간이 아니다. 이야기를 하면서 자신의 솔직한 감정을 이야기하되 상대방을 공격하는 인상을 줘서는 안 된다. 항상 긍정적인 태도를 유지하면서 "당신은" 또는 "왜"라는 말로 시작하지 말고 "나는"으로 이야기를 꺼낸다. 그리고 이번 데이트를 시작으로 정기적인 부부 대화시간을 갖는다.

**아내**

## 세 번째 데이트의 과제

### 1부 \ 나의 의사소통 스타일은?

1. 내가 주로 사용하는 의사소통 패턴은?

2. 추궁하는 편인가, 회피하는 편인가?

3. 의사소통 스타일을 어떻게 얼마나 변화시키기를 원하는가?

### 2부 \ 대화를 나누고 싶은 주제

1. 함께 이야기를 나누고 싶은 주제의 목록을 만든다.

2. 가장 좋아하는 화제는?

3. 별로 좋아하지 않는 화제는?

4. 어떤 화제가 나오면 피하거나 입을 다무는가?

# 3부 \ 친밀한 대화 연습

1. 내가 한 일에 대하여 당신이 감사할 때

2. 당신이 내게 미소 지을 때

3. 당신이 나를 위해 희생할 때

4. 당신이 손을 내밀어 나를 만질 때

5. 당신이 나를 위해 희생할 때

6. 당신이 내가 자랑스럽다고 말해줄 때

**남편**

## 세 번째 데이트의 과제

### 1부 \ 나의 의사소통 스타일은?

1. 내가 주로 사용하는 의사소통 패턴은?

2. 추궁하는 편인가, 회피하는 편인가?

3. 의사소통 스타일을 어떻게 얼마나 변화시키기를 원하는가?

### 2부 \ 대화를 나누고 싶은 주제

1. 함께 이야기를 나누고 싶은 주제의 목록을 만든다.

2. 가장 좋아하는 화제는?

3. 별로 좋아하지 않는 화제는?

4. 어떤 화제가 나오면 피하거나 입을 다무는가?

## 3부 \ 친밀한 대화 연습

1. 내가 한 일에 대하여 당신이 감사할 때

2. 당신이 내게 미소 지을 때

3. 당신이 나를 위해 희생할 때

4. 당신이 손을 내밀어 나를 만질 때

5. 당신이 나를 위해 희생할 때

6. 당신이 내가 자랑스럽다고 말해줄 때

## 데이트 후에 적용할 사항

✤ 다음 데이트를 하기 전까지 배우자를 칭찬할 일과 방법들을 찾는다.
✤ 상대방을 추궁하거나 대화를 회피하는 상황이 언제인지를 찾는다.
✤ "나는", "내 느낌은"으로 말을 시작하는 연습을 한다.

## 양념 데이트

**바닷가 데이트**  $$$(에너지 소비량=많다) 바닷가 콘도를 빌려 주말을 함께 보내며 친밀한 대화를 익힌다. 바닷가 모래 위를 거닐면서 마음껏 속마음을 털어놓는다. 천천히 저녁을 들면서 진정으로 이야기하고 듣는 실습을 한다.

**도시 탈출 데이트**  $$(에너지 소비량=중간) 차를 타고서 아는 사람들과 부딪치는 일이 없는 다른 도시로 간다. 조용한 식당을 골라 간단한 음식을 시켜놓고서 마음껏 대화를 나눈다.

**산행 데이트**  $(에너지 소비량=많다) 점심 도시락을 싸서 배낭에 넣고 함께 등산을 한다. 함께 산을 타다보면 쉽게 깊은 대화를 나눌 수 있다.

**촛불 데이트**  $(에너지 소비량=작다) 아늑한 방에 식탁을 차리고 촛불을 켠다. 함께 식사를 하면서 깊은 대화를 나눈다.

데이트 길잡이

# 네 번째 데이트

**대청소**
이번 데이트에서는 문제들을 놓고 함께 이야기를 나누면서 해결하는 방법을 배운다.

## 데이트 전에 준비할 사항

✚ 〈제4장 대청소〉를 읽는다.
✚ 네 번째 데이트의 과제를 푼다.
✚ 이벤트를 중심으로 데이트 계획을 세운다. 매우 힘든 문제를 다루어야 한다면 육체적인 힘을 필요로 하는 행사, 즉 보트 젓기나 산책을 계획한다. 공원에서 함께 걸으며 이야기를 나누고 싶을 수도 있다. 조용히 둘이서만 이야기를 나눌 수 있는 장소를 고른다.

## 데이트할 때 유의할 사항

✚ 이 연습문제를 하기 전에 부부가 함께 뒤에 나오는 데이트 기본 수칙 중에서 의사소통 부분을 다시 읽는다.
✚ 대화 중에 의견이 맞지 않아 다투게 되면 적어두었다가 다음에 이야기를 한다. 이번 데이트 동안에 모두 해결하려 하지 않는다.

## 4장 요약

부부는 때때로 이제까지 미루었던 문제를 말끔하게 해결하고 새로 시작해야 할 필요가 있다. 우리는 누구나 문제들이 있고 결혼생활의 각 시기들을 통과할 때 그 문제들을 계속 가지고 가는 경우가 많다. 특히 빈 둥우리시기에 들어가면 옛날 문제들이 다시 표면으로 떠오른다. 빈 둥우리시기에 해결해야할 가장 어려운 열 가지 문제는 갈등, 의사소통, 성생활, 건강, 취미생활, 오락, 재정, 연로한 부모, 정년퇴직 계획 그리고 장성한 자녀 등이다. 부부관계 연구조사자들에 의하면 부부가 다투는 문제들의 70퍼센트는 해결책이 없고 문제들과 함께 살아가는 외에 다른 방법은 없다고 한다. 우리는 이와 같은 문제들을 평생문제라 부른다.

빈 둥우리시기에 문제를 해결할 때 반드시 필요한 세 가지가 있다. 그것은 영원히 변하지 않을 것은 그대로 받아들이는 관용, 변화시킬 수 있는 것은 과감하게 고쳐가는 용기 그리고 이 둘을 구별하는 지혜이다. 문제 자체에 집중한다. 서로 상대방의 약점을 들추지 않는다. 문제 자체에 대한 대화와 문제 해결을 위한 대화를 서로 분리한다. 화자/청자 기법을 사용한다. 배우자의 관점에서 문제를 이해하도록 노력한다. 화자와 청자의 역할을 번갈아가며 대화한다. 배우자의 관점을 이해하고 그 정당한 면을 인정한다. 배우자의 관점을 이해하고 문제의 핵심을 파악하면 생각할 수 있는 모든 해결책을 모은다. 그리고 나서 사랑의 선물("이번 일은 당신에게 너무나 중요해. 당신 의견을 따르겠어.")을 주거나, 개성의 선물("이번에는 서로 다르다는 것을 인정하기로 해.")을 교환하거나, 타협의 선물("이번 문제는 서로 조금씩 양보하기로 하지.")을 서로에게 준다.

이 셋 중에서 어떤 선물을 선택하든 부부관계의 분위기는 완전히 바뀔 것이다.

## 네 번째 데이트의 과제

### 1부 \ 빈 둥우리 문제 밝히기

1. 다음 중 어떤 문제들로 다투는가? 0부터 10까지 그 문제의 심각성을 점수로 환산한다. 이 중 한두 가지만 골라서 이야기를 나눈다.

　＿ 갈등　　＿ 오락　　　＿ 의사소통　　＿ 재정

　＿ 성생활　＿ 연로하신 부모　＿ 건강문제　＿ 은퇴 계획

　＿ 취미생활　＿ 성인 자녀

2. 해결될 가능성이 전혀 없거나 변하지 않을 평생 문제는 어떤 것인가?

3. 한꺼번에 몰려 감당하기 힘들다는 느낌이 드는 문제는 어떤 것인가?

### 2부 \ 문제 자체에 관한 대화

1. 네 번째 데이트에서 반갑지 않는 주제(이야기만 시작하면 다투게 되는 문제들) 중 감정을 적게 건드리는 문제를 하나 골라 적는다. 부부가 이 문제를 놓고 함께 이야기를 나누기로 합의한다.

2. 화자/청자 기법을 사용하여 이야기하는 연습을 한다. 발언권을 행

사하는 화자라는 것을 보여주는 신호로 연필, 안경 등 어떤 것을 사용해도 좋다. 다만 발언권을 주고받으면서 공평하게 나누어야 한다.

## 3부 \ 문제 해결

1. 해결하고 싶은 문제들

2. 다음의 네 단계를 차례대로 밟는다.
1단계: 문제를 정의한다.
2단계: 누가 이 문제 해결을 더 원하는지 이야기한다.
3단계: 생각할 수 있는 모든 방법들을 찾아낸다.

3. 깊이 생각해야 할 질문: 문제를 해결하려고 노력한 후에도 도움이 필요하다면 누구에게서 그 도움을 구할지 생각해둔다. 멘토? 친구? 상담자? 목회자? 아니면 다른 누구?

## 4부 \ 즐기는 시간을 갖는다

한 번의 데이트에서 다루어야 할 문제는 이로써 충분하다. 이제는 즐길 시간이다. 좋아하는 아이스크림이나 요구르트를 사먹거나 평소에 먹고 싶었던 디저트를 즐긴다. 매우 민감한 문제를 놓고 이야기를 나눌 수 있었음을 축하한다. 남은 데이트 시간 동안 더욱 민감한 문제를 찾거나 그런 문제를 건드리지 않는 것이 좋다. 다만 지금 의사소통 방법을 개선하는 중이라는 사실을 인정하고 부부가 함께 문제를 풀어가는 방법을 배운다.

남편

## 네 번째 데이트의 과제

### 1부 \ 빈 둥우리 문제 밝히기

1. 다음 중 어떤 문제들로 다투는가? 0부터 10까지 그 문제의 심각성을 점수로 환산한다. 이 중 한두 가지만 골라서 이야기를 나눈다.

__ 갈등   __ 오락   __ 의사소통   __ 재정

__ 성생활   __ 연로하신 부모   __ 건강문제   __ 은퇴 계획

__ 취미생활   __ 성인 자녀

2. 해결될 가능성이 전혀 없거나 변하지 않을 평생 문제는 어떤 것인가?

3. 한꺼번에 몰려 감당하기 힘들다는 느낌이 드는 문제는 어떤 것인가?

### 2부 \ 문제 자체에 관한 대화

1. 네 번째 데이트에서 반갑지 않는 주제(이야기만 시작하면 다투게 되는 문제들) 중 감정을 적게 건드리는 문제를 하나 골라 적는다. 부부가 이 문제를 놓고 함께 이야기를 나누기로 합의한다.

2. 화자/청자 기법을 사용하여 이야기하는 연습을 한다. 발언권을 행

사하는 화자라는 것을 보여주는 신호로 연필, 안경 등 어떤 것을 사용해도 좋다. 다만 발언권을 주고받으면서 공평하게 나누어야 한다.

## 3부 \ 문제 해결

1. 해결하고 싶은 문제들

2. 다음의 네 단계를 차례대로 밟는다.
1단계: 문제를 정의한다.
2단계: 누가 이 문제 해결을 더 원하는지 이야기한다.
3단계: 생각할 수 있는 모든 방법들을 찾아낸다.

3. 깊이 생각해야 할 질문: 문제를 해결하려고 노력한 후에도 도움이 필요하다면 누구에게서 그 도움을 구할지 생각해둔다. 멘토? 친구? 상담자? 목회자? 아니면 다른 누구?

## 4부 \ 즐기는 시간을 갖는다

한 번의 데이트에서 다루어야 할 문제는 이로써 충분하다. 이제는 즐길 시간이다. 좋아하는 아이스크림이나 요구르트를 사먹거나 평소에 먹고 싶었던 디저트를 즐긴다. 매우 민감한 문제를 놓고 이야기를 나눌 수 있었음을 축하한다. 남은 데이트 시간 동안 더욱 민감한 문제를 찾거나 그런 문제를 건드리지 않는 것이 좋다. 다만 지금 의사소통 방법을 개선하는 중이라는 사실을 인정하고 부부가 함께 문제를 풀어가는 방법을 배운다.

## 데이트 후에 적용할 사항

- 부부가 한 팀으로서 문제 자체를 공격할 뿐 상대방을 적으로 삼지 않는 해결 방법들을 찾는다.
- 문제 자체에 관련된 이야기를 나눌 때에는 항상 화자/청자 기법을 사용한다.
- 문제 해결을 위한 대화를 나눌 때엔 네 단계 방법을 사용한다.
- 갈등을 일으키는 문제들을 적고 그 문제를 놓고서 이야기할 시간을 정한다.


## 양념 데이트

### 도보여행 데이트
$$$(에너지 소비량=많다) 도보 여행을 함께 떠난다. 뉴잉글랜드, 애리조나, 콜로라도, 캐나다 등에 멋있는 도보여행 코스들이 있다. 좀 더 독특하게 하고 싶다면 유럽에도 환상적인 도보 여행 코스들을 찾는다.

### 산악 등반 데이트
$$$ 또는 $$(에너지 소비량=많다) 산행을 하면서 함께 24시간을 보낸다.

### 야영 데이트
$(에너지 소비량=많다) 하룻밤 야영을 한다. 야영 장비는 사도 좋지만 빌릴 수도 있다. 한적한 시골에서의 야영을 즐긴다면 장비를 구입하는 것도 좋다. 당장 돈은 좀 들겠지만 장기적으로 보면 오히려

이득이다.

### 영혼의 동반자 데이트
$(에너지 소비량=중간) 예배할 수 있는 곳을 찾는다. 강대상 앞에 나아가거나 회중석에 앉아서 이제까지 상처준 일들에 대한 용서를 서로 구한다. 문제가 일어날 때마다 함께 해결하고 남은 생 동안 최선을 다해 행복한 부부관계를 가꿀 것을 약속한다.

### 가상 여행 데이트
$(에너지 소비량=작다) 인터넷 여행을 떠난다. 꼭 가보고 싶은 곳을 골라 함께 여행을 떠나는 계획을 짠다. 에너지와 경비를 절약하고 싶으면 실제로는 예약하지 않는다. 사이버 여행으로 만족한다.

### 지방도로 데이트
$$(에너지 소비량=중간) 지도를 보면 지방 도로들은 두 줄의 검은 선으로 표시되어 있다. 살고 있는 곳으로부터 반경 80킬로미터 안에 이제까지 가보지 못한 흥미로운 곳을 찾아 가본다.

# 다섯 번째 데이트

**역할 재조정**

이번 데이트에서는 빈 둥우리시기에 집안일의 분배에 관한 문제이다. 어느 분야를 원하는지 서로의 기대를 솔직하게 말하는 기회를 갖는다. 결혼생활의 새로운 시기로 접어들면서 집안일을 어떻게 분배할지 알아본다.

## 데이트 전에 준비할 사항

- 〈제5장 역할 재조정〉을 읽는다.
- 다섯 번째 데이트의 과제를 예습한다.
- 둘이서 함께 즐기고 싶은 활동, 산행이나 승마, 볼링, 피크닉 등을 중심으로 이번 데이트를 계획하는 것도 좋다. 서로 이야기를 나눌 수 있어야 하는 것은 물론이다.

## 데이트할 때 유의할 사항

- 연습 문제의 각 질문들을 한 번에 하나씩 다룬다.
- 빈 둥우리시기에 맡아야 할 집안일들을 이야기할 때 배우자가 각자 잘 하는 일과 원하는 일들이 무엇인지 고려한다.
- 부부가 분담한 역할의 균형이 중요하며 함께 하는 시간과 각자 일하는 시간을 적절하게 배합한다.
- 책임분담을 이야기할 때 부부가 한 팀이라는 사실을 잊으면 안 된다.

## 5장 요약

빈 둥우리시기에 들어오면 역할 분담이 달라진다. 부모로서 책임지던 일들의 일정 부분이 사라지기 때문이다. 이제 부부는 자기가 맡고 싶은 일들을 자유롭게 선택할 수 있게 되었다. 이 시기에 남자들은 직장보다는 집안일과 인간관계에 더 관심을 갖고 여자들은 밖에 나가 일하고 싶거나 직장을 갖기를 바라는 경향이 있다. 호르몬 분비에 변화가 일어나기 때문이다. 여자들은 폐경기로 인해 관심의 초점이 바뀌고 남자들도 나름대로 갱년기를 맞거나 중년의 위기에 부딪친다. 이 시기는 많은 혼란과 변화가 따른다. 부부 중 한 사람이 정년퇴직을 하면 상황은 더욱 복잡해진다. 함께 있는 시간이 늘어나서 새로운 기대가 생기기도 하지만 큰 어려움이 발생할 수도 있다. 변화는 슬기롭게 대처하기만 하면 부부관계를 크게 개선하는 데에 도움이 될 수 있다. 유머 감각을 계속 유지하면서 함께 지내는 시간과 따로 보내는 시간의 균형을 맞추는 것이 좋다. 자신의 기대와 필요를 서로 솔직하게 이야기하는 시간을 갖는다. 빈 둥우리 시기에 어떤 역할을 맡기로 선택했든 부부가 함께 일하면서 보다 친밀한 감정을 쌓아가는 것이 무엇보다 중요하다.

### 아내

## 다섯 번째 데이트의 과제

1. 다음 목록을 보면서 이제까지 해왔던 일과 빈 둥우리시기에 하고 싶은 일을 남자면 M 여자면 F 둘 다면 B를 표시한다.

| 과거에 해왔던 일 | 빈 둥우리시기에 하고 싶은 일 | |
|---|---|---|
| _____ | _____ | 쇼핑 |
| _____ | _____ | 식사 준비 |
| _____ | _____ | 침실 정리 |
| _____ | _____ | 잔디 관리 |
| _____ | _____ | 자동차 정비 |
| _____ | _____ | 욕실 청소 |
| _____ | _____ | 빨래 |
| _____ | _____ | 다리미질 |
| _____ | _____ | 먼지 떨기 |
| _____ | _____ | 식품 구입 |
| _____ | _____ | 애완동물 돌보기 |
| _____ | _____ | 진공청소기 청소 |
| _____ | _____ | 쓰레기 비우기 |
| _____ | _____ | 벽장 정리 |
| _____ | _____ | 청구서 정리 |
| _____ | _____ | 수표책 정리 |
| _____ | _____ | 세금 보고서 작성 |
| _____ | _____ | 집수리 |

| 과거에 해왔던 일 | 빈 둥우리시기에 하고 싶은 일 | |
|---|---|---|
| _____ | _____ | 약속 일정 관리 |
| _____ | _____ | 재정 서류 관리 |
| _____ | _____ | DVD 반환 |

부부가 각자 자기 도표에 기입하고서 서로 비교하면서 이야기를 나눈다. 타협이나 양보가 필요한가?

2. 빈 둥우리시기에 들어선 후 어떤 변화가 기대되는가?

3. 부부의 하나 됨을 위해서 자신의 어떤 장점을 최대로 발휘할 수 있는가?

4. 어떤 일은 부부가 함께 할 수 있는가?

## 남편

## 다섯 번째 데이트의 과제

1. 다음 목록을 보면서 이제까지 해왔던 일과 빈 둥우리시기에 하고 싶은 일을 남자면 M 여자면 F 둘 다면 B를 표시한다.

| 과거에 해왔던 일 | 빈 둥우리시기에 하고 싶은 일 | |
|---|---|---|
| _____ | _____ | 쇼핑 |
| _____ | _____ | 식사 준비 |
| _____ | _____ | 침실 정리 |
| _____ | _____ | 잔디 관리 |
| _____ | _____ | 자동차 정비 |
| _____ | _____ | 욕실 청소 |
| _____ | _____ | 빨래 |
| _____ | _____ | 다리미질 |
| _____ | _____ | 먼지 떨기 |
| _____ | _____ | 식품 구입 |
| _____ | _____ | 애완동물 돌보기 |
| _____ | _____ | 진공청소기 청소 |
| _____ | _____ | 쓰레기 비우기 |
| _____ | _____ | 벽장 정리 |
| _____ | _____ | 청구서 정리 |
| _____ | _____ | 수표책 정리 |
| _____ | _____ | 세금 보고서 작성 |
| _____ | _____ | 집수리 |

| 과거에 해왔던 일 | 빈 둥우리시기에 하고 싶은 일 | |
|---|---|---|
| _____ | _____ | 약속 일정 관리 |
| _____ | _____ | 재정 서류 관리 |
| _____ | _____ | DVD 반환 |

부부가 각자 자기 도표에 기입하고서 서로 비교하면서 이야기를 나눈다. 타협이나 양보가 필요한가?

2. 빈 둥우리시기에 들어선 후 어떤 변화가 기대되는가?

3. 부부의 하나 됨을 위해서 자신의 어떤 장점을 최대로 발휘할 수 있는가?

4. 어떤 일은 부부가 함께 할 수 있는가?

## 데이트 후에 적용할 사항

✤ 배우자를 돕기 위해서 집 안팎에서 할 수 있는 일은 없는지 생각한다.
✤ 부부가 함께 일해 나간다는 사고방식을 갖는다. 협동은 인생관과 태도에 큰 변화를 일으킨다.
✤ 다음 데이트를 하기 전까지 양념 데이트를 선택해서 실행한다.

## 양념 데이트

**재정비 데이트**   $$$(에너지 소비량=많다) 전문인을 고용해서 집안을 다시 정비한다.

**빈 둥우리 식당 데이트**   $$(에너지 소비량=중간) 집안이 재정비될 때까지 몇 주 동안 요리사를 고용해서 맛있는 요리를 입맛에 따라 시켜 먹는다.

**대청소 데이트**   $$(에너지 소비량=중간) 전문적인 청소 용역 회사를 고용해서 집안을 안팎으로 깨끗하게 청소한다. 그리고 나서 새로운 마음으로 각자 맡은 역할을 시작한다.

**서점 데이트**   $(에너지 소비량=작다) 서점에 들러 집안을 재정비하는 책을 구입해서 함께 읽는다. 커피나 뜨거운 초콜릿을 마시면서 읽은 내용을 함께 이야기한다.

**역할 바꾸기 데이트**　　$(에너지 소비량=중간) 지금까지 해오던 역할을 서로 바꾸어서 한다. 배우자가 차운전을 해왔다면 자신이 운전을 한다. 늘 앉던 식탁 의자도 서로 바꾸어 앉는다. 이 데이트는 누가 어떤 일을 어떤 기분으로 했는지 이해하는 매우 좋은 기회이다.

# 여섯 번째 데이트

### 다시 피는 사랑의 봄

이번 데이트에서는 친밀감과 사랑과 애정이 여러분에게 어떤 의미가 있는지 분명하게 이해할 것이다. 어떻게 하면 애정 생활에 활기를 불어넣을 수 있고 서로에 대한 기대와 욕구를 조율할 수 있는지 알아보는 기회를 가질 것이다.

## 데이트 전에 준비할 사항

✤ 〈제6장 다시 피는 사랑의 봄〉을 읽는다.
✤ 여섯 번째 데이트의 과제를 푼다.
✤ 둘만의 사랑을 나눌 수 있는 호텔방을 예약한다. 모든 스트레스로부터 벗어나 둘이서만 보낼 수 있는 아늑한 방이면 된다.

## 데이트할 때 유의할 사항

✤ 이번 데이트는 매우 즐겁고 인기도 좋지만 부부에 따라서는 이야기하기 힘든 주제들을 다루어야 한다. 배우자의 기분에 각별한 신경을 써야 한다. 마음을 터놓고서 자신의 감정을 솔직하게 나눠야 한다.
✤ 제 3장에 나오는 의사소통 방법들을 복습해서 감정을 어떻게 표현해야 하는지를 다시 확인해두는 것도 좋다.
✤ 데이트가 낭만적이 되도록 힘쓴다. 손을 잡고서 달빛이 쏟아지는 오솔길을 걸어도 좋고, 보슬비를 맞으며 걷는 것도 좋다. 담요를 공원 잔디밭에 깔고 함께 앉아 이야기를 나누는 것도 좋다.

## 6장 요약

그동안 애정생활을 뒷전으로 밀어놓았다면 다시 불을 지펴야 할 때가 왔다. 빈 둥우리 시기는 결혼생활의 육감적인 성적 차원을 다시 발견하는 기회이다. 아이들이 모두 떠나고 없으므로 애정 생활에 더 많은 시간과 에너지를 쏟아 부을 수 있다. 온 집안을 이제 단 둘이서만 차지할 수 있게 되었다. 물론 빈 둥우리가 다시 채워지지 않았을 경우에만 그렇다. 애정 생활에 다시 불을 붙이기 위해서는 먼저 이 시기에 따라오는 신체적인 변화를 잘 이해해야 한다. 실제로 이 변화들을 파악해서 잘 이용한다면 오히려 성생활 개선에 큰 도움이 될 수 있다. 성생활이 20대나 30대보다 50대에 더 즐거울 수 있다. 급하게 서둘러서는 안 된다. 느긋하게 즐길 수 있어야 한다. 애정생활은 이제 단거리 경주가 아니라 상쾌한 산책이다. 별 문제가 안 되는 것은 부부의 욕구 곡선이 이 시기가 되면 거의 일치하기 때문이다. 성적으로 기대하는 것에 대해 솔직히 이야기를 나누고 약간의 탐험정신만 발휘한다면 사랑의 두 번째 봄을 마음껏 즐길 수 있을 것이다. 아이들을 키워내느라 수고한 대가를 다시 불붙은 애정생활에서 얻어낼 수 있다.

아내

# 여섯 번째 데이트의 과제

## 1부 \ 빈 둥우리 부부의 애정생활 점검

1. 애정생활이 신혼시절과 얼마나 많이 달라졌는가?

2. 능숙한 성 파트너가 되어 얻게 된 이득은?

3. 가장 즐거웠던 로맨틱한 순간 중 세 개만 든다면?

## 2부 \ 사랑의 메뉴

1. 뒤에 나오는 사랑의 메뉴에 관해서 이야기를 나눈다. 어떤 메뉴가 가장 마음에 드는가?

2. 부부가 함께 머리를 맞대고 자신의 사랑 메뉴를 만든다.

3. 각자 좋아하는 애피타이저, 주 요리, 디저트를 고른다.

## 3부 \ 부부 여행 데이트를 계획한다.

함께 이야기를 나누고 싶은 주제를 두세 개 고른다.
그리고 이 분야들에 관한 소망과 꿈들을 함께 이야기한다.

1. 어디로 가고 싶은가? 가고 싶은 곳들의 목록을 만들고 그중 하나를 고른다.

2. 언제 갈 수 있는가? 갈 수 있는 날짜를 적는다. 그중 하나를 골라 달력에 표시한다. 만일의 경우를 대비해서 하나의 날짜를 더 고른다.

3. 이 여행 데이트에 경비를 어느 정도 사용할 수 있는가? 절약해야 하는가? 마음 놓고 즐겨도 되는가? 가계부 예산을 참조해서 얼마나 사용할 수 있는지 비용을 책정한다.

4. 여행 데이트를 가기 위해서는 어떤 조치를 취해놓아야 하는가? 애완동물이 있다면 누구에게 맡길 것인가? 호텔, 비행기, 자동차 예약은 누가 언제 하는가? 지도와 여행 가이드는 어떻게 마련할 것인가? 음식과 간식 준비는?

5. 무엇을 가지고 가야 하는가? 가지고 가야 할 물품 목록을 만든다. CD플레이어 로맨틱한 음악 CD, 초(성냥을 잊지 말자), 간식을 챙긴다. 일거리는 절대로 챙기지 말자.

6. 여행 중에 함께 해야 할 일들의 목록을 만든다. 이야기를 나눌 주제도 목록으로 만드는 것이 좋다.

**남편**

## 여섯 번째 데이트의 과제

### 1부 \ 빈 둥우리 부부의 애정생활 점검

1. 애정생활이 신혼시절과 얼마나 많이 달라졌는가?

2. 능숙한 성 파트너가 되어 얻게 된 이득은?

3. 가장 즐거웠던 로맨틱한 순간 중 세 개만 든다면?

### 2부 \ 사랑의 메뉴

1. 뒤에 나오는 사랑의 메뉴에 관해서 이야기를 나눈다. 어떤 메뉴가 가장 마음에 드는가?

2. 부부가 함께 머리를 맞대고 자신의 사랑 메뉴를 만든다.

3. 각자 좋아하는 애피타이저, 주 요리, 디저트를 고른다.

### 3부 \ 부부 여행 데이트를 계획한다.

함께 이야기를 나누고 싶은 주제를 두세 개 고른다.
그리고 이 분야들에 관한 소망과 꿈들을 함께 이야기한다.

1. 어디로 가고 싶은가? 가고 싶은 곳들의 목록을 만들고 그중 하나를 고른다.

2. 언제 갈 수 있는가? 갈 수 있는 날짜를 적는다. 그중 하나를 골라 달력에 표시한다. 만일의 경우를 대비해서 하나의 날짜를 더 고른다.

3. 이 여행 데이트에 경비를 어느 정도 사용할 수 있는가? 절약해야 하는가? 마음 놓고 즐겨도 되는가? 가계부 예산을 참조해서 얼마나 사용할 수 있는지 비용을 책정한다.

4. 여행 데이트를 가기 위해서는 어떤 조치를 취해놓아야 하는가? 애완동물이 있다면 누구에게 맡길 것인가? 호텔, 비행기, 자동차 예약은 누가 언제 하는가? 지도와 여행 가이드는 어떻게 마련할 것인가? 음식과 간식 준비는?

5. 무엇을 가지고 가야 하는가? 가지고 가야 할 물품 목록을 만든다. CD플레이어 로맨틱한 음악 CD, 초(성냥을 잊지 말자), 간식을 챙긴다. 일거리는 절대로 챙기지 말자.

6. 여행 중에 함께 해야 할 일들의 목록을 만든다. 이야기를 나눌 주제도 목록으로 만드는 것이 좋다.

## 데이트 후에 적용할 사항

✤ 매일 아침마다 출근할 때 떠나기 전에 10초 동안 키스하고 저녁에 돌아와서도 만나자마자 10초 동안 키스한다.
✤ 서로 자주 애무한다.

## 양념 데이트

**신혼여행 데이트**　　$$$(에너지 소비량=많다) 다시 신혼여행을 떠난다. 신혼여행이라면 반드시 거기로 가야 한다고 생각했던 장소가 있다면 지금 거기로 신혼여행을 떠난다.

**로맨스 데이트**　　$$$(에너지 소비량=중간) 주말을 호화스런 러브호텔에서 보내면서 마음껏 즐긴다.

**보금자리 데이트**　　$$$, $$, $(에너지 소비량=많다) 침실을 다시 꾸민다. 여유가 있다면 일급 호텔 방처럼 꾸며도 좋지만 베개나 조명만 바꿔도 침실은 크게 다르게 보인다.

**공원 정찬 데이트**　　$(에너지 소비량=많다) 공원에서 정찬을 함께 먹는다. 가장 좋아하는 요리를 주문해서 준비한다. 좋아하는 식탁보, 식기, 접시, 양초, 꽃, CD플레이어, 아름다운 음악 등을 준비해서 별빛 아래 식탁을 마련하고 낭만적인 저녁 식사를 즐긴다.

**음악 데이트**　　$(에너지 소비량=작다) 음반가게에 들러 좋아하는 가수의 앨범을 찾아 로맨틱한 노래를 고른다.

**서점 데이트**　　$(에너지 소비량=작다) 서점에 들러 로맨틱한 소설이나 부부의 성생활에 관한 책을 고른다. 집으로 돌아와 침실에 촛불을 켜고, 음악을 틀고, 사온 책을 서로 읽어준다.

**스파 데이트**　　$(에너지 소비량=작다) 욕실 용품을 파는 가게에 들러 집안 데이트를 위한 물품을 구입한다. 목욕통이나 월풀에 뜨거운 물을 받아놓고 욕실 데이트를 즐긴다. 월풀이나 스파 장치가 없다면 이번 기회에 설치하는 것도 좋다. 느긋한 분위기에서 낭만적인 데이트를 수시로 즐길 수 있다.

# 일곱 번째 데이트

### 확대가족 사랑

이번 데이트는 확대가족이 여러분의 부부관계에 어떤 영향을 미치는지 알아보고 윗세대와 아랫세대 사이의 세대로서 양 세대와 현실적으로 어느 정도 관계를 유지할 수 있는지 확인하는 시간을 갖는다.

## 데이트 전에 준비할 사항

- 〈제7장 확대가족 사랑〉을 읽는다.
- 일곱 번째 데이트 과제를 예습한다.
- 가까운 호텔을 예약한다. 빈 둥우리가 다시 찼다면 부부 둘만의 방해받지 않을 조용한 공간이 필요하다.

## 데이트할 때 유의할 사항

- 데이트 과제의 질문들을 하나씩 놓고 이야기를 나눈다.
- 처가나 시댁 식구들에 대한 이야기를 할 때에는 배우자의 기분을 세심하게 배려한다.

## 7장 요약

"아이들이 쓰던 물건이 지하실에 쌓여있는 한 아직 빈 둥우리는 아니다."라고 말하는 것을 들은 적이 있다. 빈 둥우리가 되더라도 여전히 집 떠난 아이들을 사랑하고 걱정하기 마련이다. 여러분의 부모들이 아직도 여러분을 사랑하는 것과 꼭 같다. 그들을 사랑한다고 해서 그들로 인한 걱정과 스트레스가 부부관계에 아무런 영향을 미치지 않는 것은 아니다. 게다가 일단 집을 떠난 아이들 중 사분의 일은 다시 집으로 돌아오는 추세이다. 때문에 스트레스를 최소한으로 줄이면서 부부관계를 건강하게 유지하는 방법을 찾아야 한다. 성인 자녀가 다시 돌아오는 경우 다음과 같은 점들을 유의해야 한다. 미리 계획을 세우고, 머무는 기간을 정하고, 집안 규칙을 분명하게 정하고, 부부가 매 주 정기적으로 외박을 한다. 부부 둘만 있는 시간을 필사적으로 확보해야 한다.

연로하신 부모님을 돌보아야 하는 경우라면, 여러분을 돌봐주는 사람이 반드시 필요하며 부부관계에 더욱 신경을 써야한다는 사실을 잊어서는 안 된다. 확대가족이 서로에 대한 현실적인 기대를 분명하게 하고, 사랑으로 진실을 이야기하고, 공손하게 대하고, 의견이 다르더라도 침착하게 대처한다면 오히려 부부관계 개선에 큰 도움이 될 수 있다. 가족 사이의 조화를 증진하는 방법을 찾고, 어려운 문제들을 함께 해결하고, 합리적인 경계선을 분명하게 정해야 한다. 그러면 건강한 부부관계를 후손에게 유산으로 물려줄 수 있다. 손자손녀들이 여러분의 행동을 주의 깊게 지켜보고 있다.

> 아내

## 일곱 번째 데이트의 과제

### 1부 \ 성인 자녀들과의 관계

1. 성인 자녀들과의 관계에서 가장 흐뭇한 점은 무엇인가?

2. 성인 자녀와의 관계에서 스트레스를 가장 크게 받는 문제들은 무엇인가?

3. 성인 자녀들이 돌아온다면 어떤 가정 수칙을 만들고 싶은가?

### 2부 \ 연로한 부모와의 관계

1. 부모와의 관계에서 가장 좋은 점은?

2. 스트레스를 가장 크게 받는 부분은?

3. 건강문제로 돌봐드려야 하는 연로하신 부모가 있다면 어떤 가족 수칙을 만들고 싶은가?

## 3부 \ 현실적인 기대

1. 여러분의 확대가족에 관해 이야기해보라.

2. 지금 어떤 가족 문제로 고통 받는가?

3. 어떤 경계선을 정해야 한다고 생각하는가?

## 남편

## 일곱 번째 데이트의 과제

### 1부 \ 성인 자녀들과의 관계

1. 성인 자녀들과의 관계에서 가장 흐뭇한 점은 무엇인가?

2. 성인 자녀와의 관계에서 스트레스를 가장 크게 받는 문제들은 무엇인가?

3. 성인 자녀들이 돌아온다면 어떤 가정 수칙을 만들고 싶은가?

### 2부 \ 연로한 부모와의 관계

1. 부모와의 관계에서 가장 좋은 점은?

2. 스트레스를 가장 크게 받는 부분은?

3. 건강문제로 돌봐드려야 하는 연로하신 부모가 있다면 어떤 가족 수칙을 만들고 싶은가?

## 3부 \ 현실적인 기대

1. 여러분의 확대가족에 관해 이야기해보라.

2. 지금 어떤 가족 문제로 고통 받는가?

3. 어떤 경계선을 정해야 한다고 생각하는가?

## 데이트 후에 적용할 사항

✤ 가족 문제로 어려움을 겪는 중에도 부부관계를 최우선으로 만드는 방법들을 찾아야 한다.
✤ 함께 즐길 수 있는 것들을 계속 찾아낸다. 독창적인 것일수록 좋다.

## 양념 데이트

**편안한 가족 찾기 데이트**    $$(에너지 소비량=중간) 가까운 고급 호텔에 예약을 한다. 마치 다른 나라로 멀리 여행 온 것처럼 즐긴다. 더 자주 만나고 싶은 가족이 누군지, 자주 만나려면 어떻게 할 것인지에 대해 이야기한다. 사랑과 관심이 더 필요한 가족은 누군지도 이야기한다.

**가족 데이트**    $$$(에너지 소비량=많다) 성인들을 위한 휴양지에서 성인 자녀들과 함께 모인다. 더 이상 아이들로 취급하지 않고 성인친구들처럼 대한다. 부부만을 위한 시간도 따로 마련한다.

**서점 데이트**    $(에너지 소비량=중간) 서점에 들러 확대가족에 관한 책을 찾는다. 한권 구입해서 함께 읽는다.

**회상 데이트**    $(에너지 소비량=작다) 가족 스크랩북을 꺼낸다. 부모님과 찍은 가족사진을 보며 이야기한다. 간직한 사진들이 얼마나 있는지 확인한다. 사진을 보며 인사드려야 할 분이 생각나면 전화를 한다.

데이트 길잡이

# 여덟 번째 데이트

### 영적으로 함께 성장하자

이번 데이트의 목적은 부부가 각자 영적 순례여행에서 지금 어떤 단계를 통과하는지 확인하고 함께 성장할 수 있는 방법을 알아본다.

## 데이트 전에 준비할 사항

✢ 〈제8장 영적으로 함께 성장하자〉를 읽는다.
✢ 여덟 번째 데이트의 과제를 살펴본다.
✢ 좋아하는 음식을 주문해 집에서 함께 식사하는 데이트를 계획한다.
✢ 촛불을 켜놓고 부드러운 음악을 튼다. 과제를 놓고 이야기를 시작해 영적인 생활에 대한 깊은 대화를 나눈다.

## 데이트할 때 유의할 사항

✢ 부부가 각자 영적인 순례 여행을 통과하는 지점이 너무 차이 나면 배우자의 감정에 대한 특별한 배려가 필요하다.
✢ 공통으로 가진 것들에 대한 이야기를 나눈다.
✢ 내부에 있는 깊은 감정을 이야기할 수 있는 기회이다. 배우자를 변화시키려는 기회로 여겨서는 안 된다.

## 8장 요약

삶의 영적인 차원을 개발해두면 부부관계에도 큰 도움이 된다. 결혼생활 연구조사자들에 의하면 사람들은 나이를 먹음에 따라 영적인 세계에 대한 관심이 증가하는 것으로 나타났다. 빈 둥우리 시기는 부부관계에서 영성이 어떤 역할을 할지에 관해 생각할 수 있는 기회이다. 부부가 공통으로 가지는 핵심 가치와 신앙은 무엇인가? 삶과 죽음, 가족, 부부관계, 기도, 하나님에 대한 어떤 믿음을 가지는가? 무조건적인 사랑과 용납에 대해 어떤 생각을 가지는가? 배우자를 무조건적으로 사랑하는 것이 쉬운 일은 아니다. 때문에 또 다른 핵심 가치인 용서가 부부관계를 건강하게 가꾸기 위해서 반드시 필요하다. 기도와 봉사는 영적인 성장을 돕는 또 다른 핵심 가치들이다. 부부가 함께 기도하는 생활을 지속할 수 있다면 좋을 것이다. 젊은 부부들을 위한 멘토 부부로 봉사하거나 단기 봉사 프로젝트 또는 사랑의 집짓기 운동에 참여하는 것도 영성 개발에 좋다. 이번 데이트는 영적인 가치와 신앙에 대해서 그리고 부부가 공통으로 가지고 있는 핵심 가치에 대해서 대화를 나누는 기회를 가질 것이다.

아내

## 여덟 번째 데이트의 과제

### 1부 \ 핵심 가치 점검

우리 부부는 다음과 같은 활동에서 영적으로 하나 되는 느낌을 갖는다.

_____ 함께 신앙 공동체 행사에 정기적으로 참여할 때

_____ 서로 영적인 체험을 나눌 때

_____ 서로 용서할 때

_____ 조건 없이 서로를 용납할 때

_____ 종교적인 축제를 함께 즐길 때

_____ 경건의 시간에 깨달은 것을 서로 나눌 때

_____ 함께 기도할 때

_____ 서로 섬길 때

_____ 그 외의 활동

## 2부 \ 핵심 가치 찾기

1. 자신의 핵심 가치는?

2. 부부가 공유하는 핵심 가치는?

## 3부 \ 섬김의 생활

1. 배우자를 섬기기 위해서는 어떤 일을 할 수 있을까?

2. 부부가 함께 시간과 자원을 투자하고 싶은 일이나 계획의 목록을 만들자.

**남편**

## 여덟 번째 데이트의 과제

### 1부 \ 핵심 가치 점검

우리 부부는 다음과 같은 활동에서 영적으로 하나 되는 느낌을 갖는다.

_____ 함께 신앙 공동체 행사에 정기적으로 참여할 때

_____ 서로 영적인 체험을 나눌 때

_____ 서로 용서할 때

_____ 조건 없이 서로를 용납할 때

_____ 종교적인 축제를 함께 즐길 때

_____ 경건의 시간에 깨달은 것을 서로 나눌 때

_____ 함께 기도할 때

_____ 서로 섬길 때

_____ 그 외의 활동

## 2부 \ 핵심 가치 찾기

1. 자신의 핵심 가치는?

2. 부부가 공유하는 핵심 가치는?

## 3부 \ 섬김의 생활

1. 배우자를 섬기기 위해서는 어떤 일을 할 수 있을까?

2. 부부가 함께 시간과 자원을 투자하고 싶은 일이나 계획의 목록을 만들자.

## 데이트 후에 적용할 사항

✣ 영적인 성장에 도움이 되는 책을 골라서 정기적으로 읽는다.
✣ 부부 성경공부 그룹에 가입해 영적으로 함께 성장하는 것도 좋다.

## 양념 데이트

**비전 데이트**   $$$(에너지 소비량=많다) 다른 나라로 함께 선교여행을 떠난다. 우리 부부는 해마다 우크라이나에 가서 2주 동안 결혼 생활을 위한 교육을 담당한다. 부부관계 개선과 건강을 도와주는 일에 함께 참여한다. 덕분에 우리 부부도 더욱 친밀해진다고 느낀다.

**나눔 데이트**   $(에너지 소비량=작다) 자원과 기도로 도울 수 있는 일들을 찾는다.

**서점 데이트**   $(에너지 소비량=중간) 서점에 들러 함께 읽을 수 있는 신앙 서적을 고른다. 부부가 정기적으로 경건의 시간을 가질 수 있는 시간을 정한다.

**신앙 성장 데이트**   $(에너지 소비량=중간) 예배 형식이 다른 교회를 방문해 그들과 예배를 드린다. 점심을 들면서 체험을 나눈다.

**사랑의 집짓기 데이트**　　$(에너지 소비량=많다) 사랑의 집짓기 운동에 자원봉사자로 참여해 사람들을 위해 집을 지어주는 일을 돕는다.

**기도 데이트**　　$(에너지 소비량=작다) 저녁에 한 시간 정도 시간을 내서 함께 기도한다. 둘이 기도하고 싶은 제목을 목록으로 만든다. 서로 번갈아가며 기도 제목을 놓고 기도한다. 퀘이커 교인들처럼 침묵의 기도 시간을 함께 해도 좋다. 필요에 따라 마음껏 기도할 수 있는 이점이 있다. 배우자도 함께 기도하는 느낌에 더 큰 힘을 얻을 수 있다. 침묵의 기도는 키스로 마치는 전통이 있다.

# 아홉 번째 데이트

### 미래를 위한 준비

이번 데이트는 빈 둥우리시기에 이루고 싶은 소원과 꿈을 성취하기 위해 현실적인 목표를 세우는 시간이다.

## 데이트 전에 준비할 사항

✤ 〈제9장 미래를 위한 준비〉를 읽는다.

✤ 아홉 번째 데이트의 과제를 예습한다.

✤ **테이블에 마주 앉을 수 있는 장소를 찾는다.** 시립 도서관, 커피를 파는 서점이 이번 데이트 장소로 적절할 것이다. 미래를 예상하며 새로운 결혼생활 목표를 찾을 것이다.

✤ 데이트하기 전에 목표 설정에 관한 책을 읽는 것도 좋다.

## 데이트할 때 유의할 사항

✤ **시간을 충분히 갖는다.** 특히 이번 데이트는 서두르면 안 된다. 부부의 미래를 계획하는 매우 중요한 시간이다.

✤ **부부가 함께 이루고 싶은 목표 하나만 고른다.** 너무 욕심내서는 안 된다. 열 가지 목표를 세우기보다 한 가지를 성취하는 것이 낫다.

## 9장 요약

빈 둥우리시기에 들어서면 변화는 반드시 일어난다. 변화가 항상 성장으로 이어진다는 보장은 없다. 부부가 얼마나 노력하느냐에 달려있다. 그럼에도 미래를 위한 목표를 세우는 부부들이 많지 않다. 또 목표를 실현하기 위해 계획을 짜는 부부도 보기 힘들다. 빈 둥우리시기에 부부관계가 성장하기를 바란다면 목표를 세울 필요가 있다. 먼저 지난 십년 동안 어떤 변화가 있었는지 생각한다. 그리고 앞으로 십년 안에 어떤 변화가 올 것인지 생각한다. 지금부터 10년 후에 부부관계가 어떻게 변하기를 원하는가? 그 꿈을 이루기 위해서 어떤 구체적인 목표를 달성해야 하는지 생각한다. 각각의 목표를 이루기 위해 부부가 함께 노력하기로 약속한다. 그러기 위해서 먼저 의사소통 방법을 개선해야 할지도 모른다. 앞으로 재정 상태는 어떻게 변할 것인지 점검해 현실적인 예산을 짜고 정년퇴직 계획을 세운다. 목표를 달성하기 위한 계획을 짤 때에는 '무엇을? 어떻게? 언제?'라는 세 가지 질문을 염두에 두어야 한다. 계획을 실행할 때 성취 과정을 점검하며 필요에 따라 계획을 재조정하는 유연성을 발휘한다. 그리고 부부는 스스로를 자축해도 좋다. 미래를 위해 적절한 투자를 하는 중이기 때문이다.

아내

## 아홉 번째 데이트의 과제

### 1부 \ 결혼생활 명세서

1. 지난 십년 동안

   자신의 삶에 지난 십년 동안 일어났던 가장 중요한 변화와 사건들을 열 가지만 적는다.

2. 앞으로 십년 동안

   앞으로 십년 안에 가정에서 일어날 굵직한 사건들을 적는다.

## 2부 \ 내가 나, 배우자, 우리 부부를 위해 원하는 것은 무엇인가?

1. 내가 나를 위해 원하는 것은?

2. 내가 배우자를 위해 원하는 것은?

3. 내가 우리 부부를 위해 원하는 것은?

## 3부 \ 빈 둥우리시기를 위한 목표

빈 둥우리시기에 부부가 이루고 싶은 목표를 하나나 둘 많으면 세 개 정도 찾는다. 각 목표마다 다음 세 가지 질문에 대답을 해본다.

1. 목표는 무엇인가?

2. 어떻게 이루어갈 것인가? (이 목표를 달성하기 위해서는 어떤 자원이 필요할 것으로 보이는가?)

3. 언제? (PDA에나 달력에 시작하는 날짜를 표시해 넣는다.)

**남편**

## 아홉 번째 데이트의 과제

### 1부 \ 결혼생활 명세서

1. 지난 십년 동안

   자신의 삶에 지난 십년 동안 일어났던 가장 중요한 변화와 사건들을 열 가지만 적는다.

2. 앞으로 십년 동안

   앞으로 십년 안에 가정에서 일어날 굵직한 사건들을 적는다.

## 2부 \ 내가 나, 배우자, 우리 부부를 위해 원하는 것은 무엇인가?

1. 내가 나를 위해 원하는 것은?

2. 내가 배우자를 위해 원하는 것은?

3. 내가 우리 부부를 위해 원하는 것은?

## 3부 \ 빈 둥우리시기를 위한 목표

빈 둥우리시기에 부부가 이루고 싶은 목표를 하나나 둘 많으면 세 개 정도 찾는다.
각 목표마다 다음 세 가지 질문에 대답을 해본다.

1. 목표는 무엇인가?

2. 어떻게 이루어갈 것인가? (이 목표를 달성하기 위해서는 어떤 자원이 필요할 것으로 보이는가?)

3. 언제? (PDA에나 달력에 시작하는 날짜를 표시해 넣는다.)

## 데이트 후에 적용할 사항

✤ 세운 계획을 실행으로 옮긴다.

## 양념 데이트

### 새로운 지평선 데이트
$$$(에너지 소비량=많다) 부부가 함께 결혼생활세미나 또는 부부관계수련회에 참석해서 현재의 관계는 어떤지, 앞으로 어떤 부부관계로 발전하면 좋을지에 대해 이야기를 나눈다.

### 미래 여행 데이트
$$$(에너지 소비량=중간) 주말에 데이트를 떠나서 호텔에 머물면서 앞으로 부부관계가 어떻게 개선되었으면 하는지에 관해서 이야기를 나눈다. 가까운 호텔로 가면 경비를 절감할 수 있다.

### 강의실 데이트
$$(에너지 소비량=많다) 대학에 등록해서 투자, 특식 요리 강의, 정원 관리, 은퇴 계획 등에 관한 강의를 함께 듣는다.

### 설계사 데이트
$$(에너지 소비량=많다) 결혼생활 설계사의 도움을 구한다. 결혼생활의 목표를 찾고 어떻게 이룰 것인지에 대한 조언을 듣는다.

### 자축 데이트
$(에너지 소비량=작다) 벽난로에 장작을 때거나 발코니 또는 현관의 흔들 그네에 앉아서 부부관계의 좋았던 부분들을 찾는다. 그 장점들을 유지하려면 어떻게 할지 이야기를 나눈다.

# 열 번째 데이트

### 빈 둥우리를 즐거움으로 채우자

이번 데이트에서는 부부관계를 보다 즐겁게 하고 애정을 쌓기 위해서는 어떻게 해야 할지 알아본다.

## 데이트 전에 준비할 사항

- 〈제10장 빈 둥우리를 즐거움으로 채우자〉를 읽는다.
- 열 번째 데이트의 과제를 푼다.

## 데이트할 때 유의할 사항

- 무조건 즐거워야 한다.
- 모든 문제와 걱정은 집에 놓아두고 떠난다.

## 10장 요약

빈 둥우리를 즐거움으로 채우기 위해서는 무엇보다도 배우자와 애정을 두텁게 쌓아가야 한다. 행복한 결혼생활에 관한 우리들의 연구조사에 의하면 부부가 오래 동안 행복하게 살기 위해서는 무엇보다도 부부 사이에 깊은 애정이 있어야 한다. 애정을 보다 두텁게 쌓아가기 위해서는 배우자의 장점과 좋은 면을 강조해야 한다. 부정적인 말 한마디를 상쇄하기 위해서는 다섯 마디의 칭찬이 필요하다. 그것도 안정선일 뿐이다. 앞으로 24시간 동안 자기가 하는 말들을 주의 깊게 관찰해보자. 그리고 긍정적인 말과 부정적인 말의 비율을 계산해보자. 배우자의 장점에 관심을 집중하면 자연히 긍정적인 말을 하게 될 것이다. 배우자의 긍정적인 성격과 능력과 재능의 목록을 만든다. 배우자를 마음껏 칭찬한다. 모든 것을 긍정적인 시각에서 바라본다. 자기 자신을 너무 심각하게 여기지 않는다. 자기 자신이나 배우자가 완벽할 수는 없다는 사실을 인정한다. 유머를 개발한다. 웃어야 할지 화를 내야 할지 모를 때에는 항상 함께 웃는 방향으로 마음을 정한다. 정기적으로 해야 하는 잡무를 모두 다 데이트로 승화시킨다. 꼭 함께 가보고 싶은 곳이 있다면 당장 계획을 세운다. 그리고 실행에 옮긴다. 반드시 즐겨야 함을 잊지 말자. 이 열 번의 데이트는 앞으로 평생 동안 하게 될 데이트의 시작일 뿐이다.

## 열 번째 데이트의 과제

### 1부 \ 장점을 강조한다

배우자의 좋은 면들을 목록으로 만든다.

### 2부 \ 부부 친구들과 함께 즐긴다

1. 부부 친구들은 누군가?

2. 초대하고 싶거나 함께 즐기고 싶은 부부 친구들은 누구인가?

# 3부 \ 앞으로 함께 즐기고 싶은 일들

1. 부부가 함께 즐기고 싶은 일들을 적는다.


2. 앞으로 해보고 싶은 근사한 데이트들을 적거나 이 열 번의 데이트를 처음부터 다시 시작한다.

남편

## 열 번째 데이트의 과제

### 1부 \ 장점을 강조한다

배우자의 좋은 면들을 목록으로 만든다.

### 2부 \ 부부 친구들과 함께 즐긴다

1. 부부 친구들은 누군가?

2. 초대하고 싶거나 함께 즐기고 싶은 부부 친구들은 누구인가?

## 3부 \ 앞으로 함께 즐기고 싶은 일들

1. 부부가 함께 즐기고 싶은 일들을 적는다.


2. 앞으로 해보고 싶은 근사한 데이트들을 적거나 이 열 번의 데이트를 처음부터 다시 시작한다.

## 데이트 후에 적용할 사항

- 늘 배우자의 좋은 점을 찾아서 칭찬하는 습관을 기른다.
- 데이트 습관을 기른다. 이 책에서 소개한 양념 데이트들을 참고로 한다.
- 앞으로 하고 싶은 데이트들의 목록을 만든다.
- 부부관계는 부부가 함께 가꾸는 만큼 건강과 활력을 유지한다는 사실을 기억한다.

## 양념 데이트

**이중 데이트**　　$$$, $$, $(에너지 소비량=많거나 또는 중간) 아내가 좋아하는 쇼핑, 오페라 관람, 멜로 영화 관람 등을 먼저 하고 남편이 좋아하는 하키 게임, 농구 게임, 골프, 낚시, 등반 등을 즐긴다. 부부가 둘 다 즐거웠던 것은 무엇인지 이야기하고 다음 데이트에 반영한다.

**크루즈 여행 데이트**　　$$$(에너지 소비량=많다) 크루즈 여행을 계획한다. 빈 둥우리 부부들을 위한 크루즈 여행이 있는지 찾아본다.

**염가 패키지여행 데이트**　　$$$, $$(에너지 소비량=중간) 한 번도 가보지 않았던 곳으로, 염가로 파는 여행상품을 인터넷에서 찾는다. 목요일에 떠났다가 월요일이나 화요일에 돌아오는 패키지여행은 당장 떠나도 그렇게 비싸지 않다.

### 졸업 정찬 데이트     $$(에너지 소비량=작다) 열 번의 데이트를 무사히 마친 것을 축하하기 위해서 좋아하는 식당에 예약한다.

### 졸업 정찬 집안 데이트     $(에너지 소비량=중간) 좋아하는 음식(스테이크, 생선, 야채)을 그릴에 구워 먹으면서 앞으로 꼭 하고 싶은 데이트 목록을 만든다.

빈 둥우리 부부의
# 열 번의 데이트

지은이  David Arp & Claudia Arp
옮긴이  정태기, 신세민

2008년 9월 20일  초판 인쇄
2008년 9월 26일  초판 발행

발 행 인    정태기
발 행 처    상담과치유
출판등록    1997. 6. 21(제22-1163호)
            137-840 서울 서초구 방배4동 877-15
            ☎ 02)599-2400(代)  Fax. 02)599-2468
홈페이지    www.chci.or.kr  E-mail. chci@chci.or.kr

ⓒ 상담과치유, 2008

ISBN 978-89-87670-14-0
잘못된 책은 교환하여 드립니다.

값 12,000원